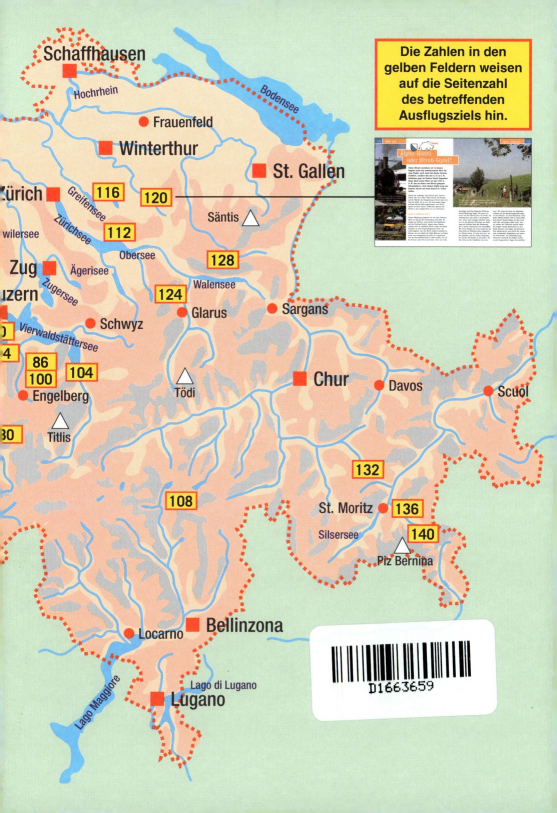

Schaffhausen

Hochrhein

Frauenfeld

Winterthur

St. Gallen

Zürich

Greifensee

116

120

Zürichsee

Säntis △

112

wilersee

Obersee

128

Zug

Ägerisee

Zugersee

124

Walensee

uzern

Glarus

Sargans

Schwyz

Vierwaldstättersee

0

4

86

100

104

Tödi △

Chur

Davos

Scuol

Engelberg

△ Titlis

30

132

108

St. Moritz

136

Silsersee

140

△ Piz Bernina

Bellinzona

Locarno

Lago Maggiore

Lago di Lugano

Lugano

Bildnachweis:

Ronald Gohl: Umschlagbilder oben, Seiten 6 unten, 7, 8, 9, 10, 11, 12, 13, 14, 16, 17, 18, 19, 20, 21, 24, 26 oben, 27, 28 oben links, 30, 31, 32, 38, 39, 40, 41, 42, 43, 44, 45, 46 oben, 52, 53, 54, 56, 57, 58, 60, 61, 62, 67, 70, 71, 72, 74, 75, 76, 77, 78, 80 unten, 81, 82, 83, 84, 85, 86, 87, 88, 90, 91, 92, 94 unten, 95, 96, 97, 98, 102, 104, 105, 106, 108, 109, 110, 112, 113, 114, 116, 117, 118, 120, 121, 122, 124, 125, 126, 129, 132, 133, 134, 135, 136, 137, 138, 140, 141.

Stephan K. Haller: Seite 6 Mitte, 128, 130 – Sandrine Collet: Seite 23 oben – Jura Tourisme: Seiten 23 unten, 25 – Armin Büttner: Seiten 26 unten, 28 oben rechts, 28 Mitte – Mines d'asphalte: Seite 32 unten rechts – Château-d'Oex Tourisme: Seiten 34, 36 unten rechts, 37 – Télé Château-d'Oex: Seiten 35 oben, 36 – Grächen Tourismus: Seiten 48 Mitte und unten, 49, 50 – Lenk Bergbahnen: Seiten 64, 65, 66, 68 – KWO: Seite 80 oben – Phillipe Cruz: Seite 93 – Stanserhornbahn: Seite 94 oben –Engelberg-Titlis Tourismus/Christian Perret: Seite 100, 101 – Brunnibahn: Umschlag Hauptmotiv, Seite 103 – Diavolezza-Bahn: Seiten 142, 143.

Impressum

Weltbild Buchverlag
– Originalausgaben –
© 2008 Weltbild Verlag, Baslerstrasse 47, CH-4609 Olten

ISBN: 978-3-03812-269-2

Umschlag: Benjamin Röbig
Gestaltung: Wolfram Fritz

Besuchen Sie uns im Internet: *www.weltbild.ch*

Phillipe Cruz

Die schönsten
Familienwanderungen
der Schweiz

Weltbild

Was es wohl auf dem Singstein zu entdecken gibt? Der Toggenburger Klangweg lüftet das Geheimnis.

Wandern mit Kindern, Spas mit Kindern

«Nicht schon wieder eine Wanderung …», «… das ist megalangweilig!» Wer kennt diese Ausdrücke nicht, wenn die Familie am Wochenende einen Ausflug in die schöne Schweizer Natur beschliesst. Kinder interessieren sich selten für die Landschaft. Doch es geht auch anders: Wenn es unterwegs etwas zu entdecken und zu spielen gibt, so sind sie schnell dabei – und der Ausflug ins Grüne ist gerettet.

Natürlich gibt es auch einige Regeln, die man als Eltern beim Wandern beachten sollte. Wer glaubt, die Freude an der Bergwelt durch häufiges Aufsteigen auf Gipfel und Hütten in den Kindern wecken zu können, irrt sich. Das Gegenteil ist der Fall. Unzählige Erwachsene, die nie mehr wandern, erzählen von solchen Jugenderlebnissen.

Bloss keine Quängelei

Dabei ist es so einfach: Es gibt Zwergenwege, Badeseen, Höhlen, Burgen, Trottinettabfahrten, Erlebnis- und Spielwege. Kinder benötigen eine Motivation, warum sie von A nach B wandern sollen. Sonst ist die Gefahr gross, dass der sonntägliche Ausflug in einem Fiasko endet und unterwegs die Quängelei beginnt. Aber wo finden wir diese Wege, die für Kinder geeignet sind? In diesem Wanderführer haben wir

«Bächli stauen» – ein Klassiker unter den Aktivitäten am Wanderweg.

Wandern voller Lebensfreude. Glückliche Kinder
garantieren eine quängelfreie Sonntagswanderung.

Damit eine Wanderung mit den Kindern glückt, benötigen wir nebst der richtigen Routenwahl auch viel Geduld und Liebe.

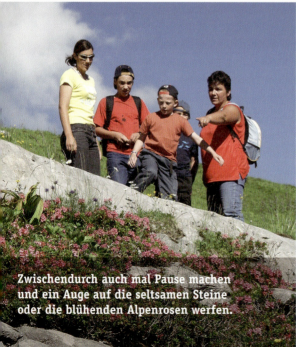

Zwischendurch auch mal Pause machen und ein Auge auf die seltsamen Steine oder die blühenden Alpenrosen werfen.

Selbst ein Feuer zu entfachen, statt langweilig im Bergrestaurant auf die Bedienung zu warten, lässt schlagen Kinderherzen höher.

Während Mutti die Infos am Geoweg studiert, klettern die Boys und Girls doch viel lieber. Hier gibt es etwas zu erleben.

Auch ein kleiner Wasserfall sorgt für Kurzweil am Wegrand – sofern es die Eltern nicht verbieten hier zu spielen.

30 Tourenvorschläge zusammengetragen, die auch berücksichtigen, dass die Wanderung nicht zu lang ist und zu steil bergauf geht. Denn bergauf zu wandern mögen wirklich nur ganz wenige Kids. Sie schwitzen lieber beim Fussballtraining als auf dem Bergweg.

Ihre Reisevorbereitung

Jedes Jahr ändern die Fahrpläne und Betriebszeiten von Bergbahnen, Schiffen und anderen Verkehrsmitteln. Auch die Öffnungszeiten von Höhlen, Burgen und Attraktionen am Wanderweg sind nicht immer gleich. Aus diesem Grund sollten wir vor der Wanderung, gerade bei längerem Anfahrtsweg, immer überprüfen, ob die Öffnungszeiten noch aktuell sind und die An- und Rückreise gewährleistet ist. Den Fahrplan können wir im Internet unter www.sbb.ch überprüfen, zu den einzelnen Ausflugszielen haben wir jeweils in der Box Website und Telefonnummern angegeben. Wir wünschen Ihnen auf den Wanderungen mit Ihren Kindern viel Spass und Erholung.

Phillipe Cruz

Goldene Regeln für eine gelungene Wanderung

Im Zweifel nie:
Konsultieren Sie immer den Wetterbericht und verzichten Sie auf Wanderungen bei Gewitter oder Nebel.

Griffige Schuhe:
Wer in den Bergen unterwegs ist, sollte über geeignete Schuhe mit Profilsohlen verfügen.

Mütze und Sonnencrème:
Wer die Sonnencreme vergisst, darf sich nicht über einen Sonnenbrand wundern. Eine Schildchenmütze schützt den Kopf vor intensiver Sonneneinstrahlung und verhindert Kopfweh. Im Gebirge empfiehlt sich auch die Mitnahme einer Sonnenbrille.

Wanderapotheke:
Gerade wer mit Kindern unterwegs ist, sollte an Pflaster, Desinfektionsmittel und einen elastischen Verband (inklusive Klammern) denken.

Picknick:
Die Cervolat am selbst entfachten Feuer macht Kindern mehr Spass als das Stillsitzen im Bergrestaurant. Vorsicht beim Feuer entfachen: Nur an offiziellen Feuerstellen und wenn keine Waldbrandgefahr besteht!

Orientierung:
Mit den gelben Wanderwegweisern sind die Routen in der Schweiz meist gut markiert. Zusätzlich empfiehlt es sich, die topografisch genaue Landeskarte im Massstab 1 : 25 000 mitzunehmen (in den Infoboxen sind die jeweiligen Blätter vermerkt). Nie sollten wir markierte Wege verlassen, die Gefahr, sich zu verirren, ist zu gross.

Mit Rollstuhl und Kinderwagen:
Eignet sich die Wanderung auch mit einem Kinderwagen, Buggy oder sogar mit einem Rollstuhl? Entsprechende Angaben dazu gibt's in den Infoboxen.

Genügend Zeit einplanen:
Wenn es unterwegs etwas zu entdecken gibt, verweilen die Kinder of länger bei den Attraktionen, als manchem lieb ist.

Basel

Zunächst führt uns der Weg durch den St.-Alban-Berg, einen sehenswerten Teil der Stadt Basel mit alten Riegelhäusern.

Nachdem sich das Schiff über Funk angemeldet hat, fährt es in die enge Schleuse und die Tore werden geschlossen.

Schiffe heben und senken

Beginnen wir unsere spannenden Erlebnisse mit einer abwechslungsreichen Wanderung in Basel: In Birsfelden bei Basel kann jedermann neben dem Kraftwerk beobachten, wie Schiffe geschleust werden, sie überwinden im Mittel rund 8 m Höhenunterschied. Weitere Höhepunkte sind eine Fahrt mit einer echten Seilfähre und die Besteigung des Basler Münsters.

Birsfelden und Augst sind die einzigen Schleusen in der Schweiz. Rund 14 000 Schiffe werden pro Jahr gehoben und gesenkt – eine kostenlose Dienstleistung des Kraftwerks Birsfelden AG. Interessant für die Eltern: Die Architektur des Kraftwerks zählt zu den viel bewunderten Bauwerken in Basel. Der lichtdurchflutete Glasbau mit seinen Querstreben ist ein zeitloser Entwurf – vor allem, wenn man bedenkt, dass die Kraftwerksanlage Anfang der 1950er-Jahre errichtet wurde.

Stauriegel über den Rhein

Wir beginnen unsere Rundwanderung am Bahnhof SBB in Basel, von wo aus wir mit dem Tram (Linien 8 und 14, Aeschenplatz umsteigen) bis zur Haltestelle Hardstrasse fahren. Von dort aus gehen wir durch die schmale Allee und erreichen das St.-Alban-Tor – einen interessanten Turm aus der Zeit der Stadtbefestigung. Weiter gehts den St.-Alban-Berg hinunter

Nach rund 20 Minuten wurde der Wasserspiegel in der Schleuse gehoben und der Frachter «Miriam» kann flussaufwärts ausfahren.

zum Schweizerischen Papiermuseum (ein Besuch lohnt sich – www.papiermuseum.ch), das nicht weit von der Rheinpromenade liegt. Jetzt folgen wir dem St.-Alban-Rheinweg flussaufwärts, unterqueren die moderne Schwarzwaldbrücke und erreichen den Birskopf. Auf der anderen Seite der hier in den Rhein mündenden Birs wandern wir durch eine schöne Parkanlage, bis wir nach einigen Schritten das erste Mal das Kraftwerk Birsfelden sehen. Der filigran wirkende Stauriegel über den Rhein dient Fussgängern und Radfahrern als Verbindung zwischen der Birsfelder und der Basler Rheinseite. Die Grenze zwischen den beiden Kantonen Baselland und Basel-Stadt befindet sich mitten auf dem Wehr. Das Kraftwerk nutzt die Strömung des Rheins zur Produktion von Elektrizität, damit deckt es rund 17 % der von der Grossregion benötigten Energie. Basel wird zu praktisch 100 % mit Strom aus Wasserkraftwerken versorgt.

20 Minuten Schleusung

Als Erstes sehen wir die beiden 180 und 190 m langen Schleusen für die Schifffahrt. Wenn die Tanker, Frachtkähne,

Von oben werfen wir ein Blick ins Steuerhaus des Frachters und beobachten den Kapitän beim Manövrieren seines langen Schiffes.

Wenn wir uns keiner Führung anschliessen können, lohnt sich auch ein Blick durchs Fenster in die lange Turbinenhalle des Kraftwerks.

Personenschiffe oder Sportboote die Mittlere Brücke der Stadt Basel passiert haben, melden sie sich an. Die Schleusung einschliesslich Ein- und Ausfahrt dauert 20 Minuten. Informationen zu Themen rund um das Kraftwerk Birsfelden finden die Besucher auf elf Tafeln, die auf dem Gelände verteilt sind. Auch kostenlose Führungen durchs Kraftwerk sind, ausser sonntags, auf Voranmeldung jederzeit möglich. Dank der riesigen Glasfassade des Kraftwerks gewinnen wir auch ohne Führung einen Einblick. Vier gigantische Kaplan-Turbinen mit einem Durchmesser von über 7 m produzieren sauberen Strom. Sie drehen sich genau 68,2 Mal pro Minute und erzeugen dabei eine maximale Leistung von 100 Megawatt. 157 m lang ist das angren-

Schöner Spaziergang entlang der Rheinpromenade. Am anderen Ufer sehen wir bereits unser Ziel, das Basler Münster.

zende Wehr mit seinen fünf Windwerken. Überschüssiges Wasser, das nicht zu Strom verarbeitet werden kann, wird über das Wehr geleitet.

Besuch im Tinguely-Museum

Wir setzen unsere Wanderung am Basler Rheinufer fort. Zwischen dem Gehweg und dem Rhein erstreckt sich ein schmaler grüner Streifen, das älteste Naturschutzgebiet der Schweiz. Unser Weg führt uns wieder unter der Schwarzwaldbrücke hindurch direkt vor die Tore des Tinguely-Museums – die Ausstellung des berühmten Aktionskünstlers ist sehr lebendig gestaltet und dürfte auch Kinder interessieren. Wir schlendern weiter flussabwärts, kommen

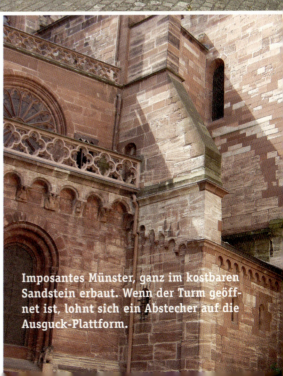

Imposantes Münster, ganz im kostbaren Sandstein erbaut. Wenn der Turm geöffnet ist, lohnt sich ein Abstecher auf die Ausguck-Plattform.

Mit der Seilfähre überqueren wir den Rhein zwischen dem Klein-basel und dem Basler Münster. Um die Fährmänner ranken sich abenteuerliche Geschichten.

an der noblen Villa von Paul Sacher vorbei, gleich daneben der Industriekomplex seiner Firma, der Hoffmann-La Roche. Die Rheinpromenade wirkt trotz Fabrik keineswegs grau und trist, überall stehen Bäume und Ruhebänke. Nach einer schönen alten Häuserzeile unterqueren wir die Wettsteinbrücke und steigen in die alte Seilfähre, die uns über den Rhein zum Basler Münster bringt. Wir schlendern den Münsterberg hinunter, gehen die Freie Strasse hinauf und nehmen am Bankenplatz das Tram der Linie 8, das uns zurück zum Bahnhof bringt.

Informationen

Wanderregion:
Basel/Nordwestschweiz

Wanderzeit:
2 h ohne Pausen, Beobachtung einer Schleusung oder Besuch im Tinguely-Museum.

Karte:
Am besten Stadtplan bei Basel Tourismus verlangen.

Schwierigkeitsgrad:
Leicht – fast ausschliesslich asphaltierte Uferpromenaden.

Kinderwagen/Rollstuhl:
Auch mit dem Kinderwagen möglich, über wenige Treppenstufen muss der Wagen getragen werden. Fähre und Münstertreppe ungeeignet, über die Mittlere Brücke ausweichen!

Höhenmeter:
Kein Höhenunterschied, ebener Weg.

Wandersaison:
Das ganze Jahr möglich. Bei Schnee und Eis evtl. rutschig!

Verkehrsmittel:
Tram (Linien 8 und 14) sowie Fähre über den Rhein.

Spannend für Kinder:
– Beobachtung einer Schleusung
– Maschinen im Tinguely-Museum
– Fahrt mit der Seilfähre
– Besteigung des Münsterturms

Besonderes:
Kostenlose Führung durchs Kraftwerk auf Voranmeldung möglich. Mindestens 5–10 Personen, 1–2 Wochen zum Voraus anmelden. Tel. 061 317 77 11, www.kw-birsfelden.ch.
Das Tinguely-Museum hat Dienstag bis Sonntag von 11 bis 19 Uhr geöffnet, Montag geschlossen. Tel. 061 681 93 20, www.tinguely.ch.

Weitere Auskünfte:
Basel Tourismus
Aeschenvorstadt 36, 4010 Basel
Tel. 061 268 68 68
www.basel.com

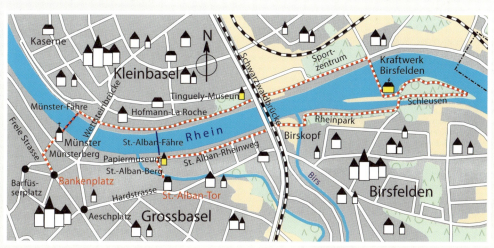

Pfeffingen

Nach einem kleinen Aufstieg gleich zu Beginn der Wanderung erreichen wir den Waldrand und wenig später die Burgruine Pfeffingen.

Inklusive Übernachtung auf der Ritterburg

Die Ruine Alt-Schalberg lässt sich nur über eine senkrecht aufsteigende Leiter erklimmen. Für grössere Kids ein willkommener Spass.

Auf einem gegen Süden zu steil abfallenden Felssporn liegt die mächtige mittelalterliche Burgruine Pfeffingen. Sie ist von Norden, also vom Dorf Pfeffingen, leicht zugänglich – und die Rundwanderung lässt sich mit dem Besuch von drei weiteren Ruinen kombinieren. Absoluter Höhepunkt für Familien ist aber die Übernachtung in einer echten Ritterburg, welche ganz in der Nähe auf einem Ausläufer des Blauens liegt.

Wir beginnen unseren Ausflug im gelben BLT-Tram der Linie 11, welches uns direkt vom Bahnhof SBB nach Aesch führt. Dort steigen wir in den Bus der Linie 65 nach Pfeffingen um. Dies erspart uns den kleinen Aufstieg bis in die wohlhabende Villensiedlung über dem Birstal. Bei der Pfarrkirche nehmen wir die Strasse links, welche an schönen Einfamilienhäusern vorbei durch Wiesen zum Schlossgut hinaufführt.

Eine nur schwer einzunehmende Burg

Von hier aus trennen uns nur noch wenige Höhenmeter von der stattlichen Ruine, welche im 11. Jahrhundert von einer edlen Familie, den Freiherren von Soyhière, zur Verwaltung ihrer ausgedehnten Güter

Wenn wir von Grellingen über Duggingen nach Aesch fahren, sehen wir hoch oben auf dem Hügel die Ruine Pfeffingen thronen.

Imposanter Innenraum der ehemaligen Burg. Längst sind die Zwischenböden zusammengebrochen.

erbaut wurde. Nach dem grossen Erdbeben von Basel im Jahre 1356 bauten die Besitzer ihre Burg wieder auf und erweiterten sie durch die Zwingeranlage im Westen. Wir durchstreifen die ausgedehnten Ruinen. Der mehrstöckige Wohnturm vermittelt einen Eindruck von der einstigen Stattlichkeit der Festung. Zwei Zugänge, einer im Osten und einer im Westen, führen über einen Halsgraben und durch einen Zwinger in die nur schwer einzunehmende Burg.

Nach der Besichtigung gehen wir zurück zum Fahrsträsschen unter der Burg und folgen dem Burgengratweg durch den Hollenwald hinunter zum Pfeffinger Ortsteil Chlyfegg. Unsere Tour führt uns zu drei weiteren sehenswerten Ruinen, allesamt mit einer prächtigen Aussicht auf die Stadt

Die Hänge oberhalb vom Pfeffingen zählen zu den sonnigsten im Baselgebiet. Aus diesem Grund gedeihen hier auch Weinreben.

Basel und ihre Vororte. Bei der Wegkreuzung Chlyfegg nehmen wir den schmalen Waldpfad, welcher uns zum nächsten Zwischenziel, der Ruine Münchsberg, hinüberführt. Diese erreichen wir erst nach einem kleineren Aufstieg im Wald. Sie ist auch nicht auf Anhieb zu finden, denn die spärlichen Mauerreste liegen auf einem Hügel zu unserer rechten Seite. Ein Trampelpfad führt zur Ruine hinauf, die wir schnell besichtigt haben. Die Burg Münchsberg wurde in der zweiten Hälfte des 13. Jahrhunderts von einem Konrad Münch III. als Eigengut erbaut. Der von ihm begründete Familienzweig nannte sich nach dem Münchsberg, wo heute nur noch Mauerreste an den einstigen Stolz der Familienfestung, die mehrere turmartige Gebäude gehabt haben muss, erinnern.

Vorsicht bei der Eisenleiter!

Beim Erdbeben von Basel kam der letzte Münch von Münchsberg um. Die Burg wurde vollständig zerstört. Wir setzen unseren Weg fort und erreichen bald die Ruine Engenstein, auch Alt-Schalberg genannt. Sie lässt sich auf einer lotrechten Eisenleiter besteigen, ein nicht ganz ungefährliches Unternehmen. Unsere dritte Burg, die Schalberg, folgt nach wenigen Gehminuten. Sie liegt auf einem Felssporn oberhalb Unter Chlus und wurde beim Erdbeben von 1356 ebenfalls zerstört. Nachdem man sie wieder aufgebaut hatte, bleiben leider der Zeitpunkt der späteren Aufgabe und das weitere Schicksal im Dunkeln.
Wir steigen den Waldweg nach Unter Chlus hinab, wo sich ein Restaurant befindet. Nun

Wenn wir unsere Wanderung im August oder September unternehmen, sehen wir unterwegs zahlreiche reife Blauburgundertrauben.

Was es in diesem dunklen Verlies der Ruine Schalberg wohl alles zu entdecken gibt? Das Loch ist mit einem Geländer gesichert.

Zum Schluss unternehmen wir einen Abstecher zur Burg Rotberg, wo zu bestimmten Zeiten auch Familien übernachten können.

bleibt nur noch der Rückweg entlang der Rebberge bis Vorder Chlus, wo wir den Chlusbach überqueren und über einen aussichtsreichen Weg zurück an unseren Ausgangspunkt Pfeffingen gelangen.

Auf einer echten Ritterburg zu Hause

Wir könnten über den Blauen weiter bis zur Burg Rotberg wandern. Diese mehrstündige Tour ist jedoch sehr lang – viel schneller sind wir mit dem Auto dort. Die Fahrt führt über Aesch, Ettingen und Hofstetten nach Mariastein. Vom Parkplatz in Mariastein wandern wir in etwa 20 Minuten zur Burg Rotberg hinauf. Hier können wir in einer Jugendherberge übernachten und dabei die einzigartige Atmosphäre einer echten Ritterburg geniessen. Im Mittelalter gabs auf

der Rotberg weder Wasser, Licht noch Fensterscheiben. Um 1930 entstand die Idee, die Festung mit arbeitslosen Jugendlichen wieder aufzubauen und zu einer Jugendherberge umzufunktionieren. Heute gibts hier genügend Licht und sogar einen hellen Innenhof.

Informationen

Wanderregion:
Baselland/Nordwestschweiz

Wanderzeit:
2 h 30 min ohne Pausen, Picknick und Spielen in den Burgruinen.

Karte:
Landeskarte 1 : 25 000, Blatt 1067 Arlesheim.

Schwierigkeitsgrad:
Mittelschwer – teils schmaler und steiniger Weg.

Kinderwagen/Rollstuhl:
Nicht möglich.

Höhenmeter:
213 m bergauf und bergab.

Wandersaison:
Das ganze Jahr, wenn kein Schnee und Eis liegt.

Verkehrsmittel:
Tram Linie 11 und Buslinie 65.

Spannend für Kinder:
- Spielen in und um die Burgen (Eltern sollten dabei ein wachsames Auge auf die Kids werfen, weil besonders das Klettern gefährlich sein kann)
- die Ruine Alt-Schalberg lässt sich nur auf einer abenteuerlichen Leiter erklimmen (nur für grössere Kinder geeignet)
- Schlafen in der Jugendherberge Burg Rotberg
- mehrere Feuerstellen im Wald

Besonderes:
Auf der Rotberg können Familien übernachten, wenn die Burg nicht von Gruppen belegt ist. Dies ist leider sehr oft der Fall, daher muss man langfristig planen und rechtzeitig reservieren (Tel. 061 731 10 49). An Ostern bleibt die Burg den Einzelgästen vorbehalten, ansonsten besteht manchmal auch eine Chance für eine spontane Buchung von Freitag auf Samstag.

Weitere Auskünfte:
Baselland Tourismus
Altmarktstrasse 96, 4410 Liestal
Tel. 061 927 65 35
www.baselland-tourismus.ch

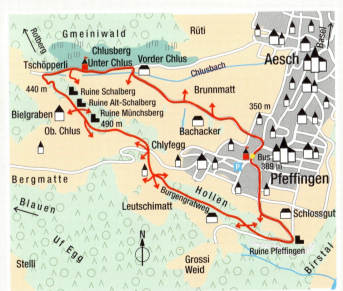

Zwischen Dinos und Tropfsteiner

Nach einem schönen Waldspaziergang treffen wir im Préhisto-Parc unvermittelt auf den ersten Dino – einen Pteranodon-Flugsaurier.

Der Tyrannosaurus Rex war einer der gefährlichsten Raubsaurier.

Das Gebrüll aus dem fast 3m langen Kopf des Tyrannosaurus Rex muss so fürchterlich gewesen sein, dass es selbst Artgenossen abschreckte, welche ihm die Beute streitig machen wollten. Die Besucher im einzigen Dinopark der Schweiz – er befindet sich in Réclère im äussersten Zipfel der Schweiz – brauchen sich allerdings nicht vor dem T-Rex zu fürchten. Er steht ruhig zwischen den Bäumen und posiert auch gerne für Fotos.

Der PubliCar, auch Rufbus genannt, ist eine gute Einrichtung, denn er verkehrt ausserhalb der fahrplanmässigen Postautos auf Bestellung. Für den Extrabus ist lediglich ein Zuschlag von drei Franken zum Fahrpreis zu entrichten. Bei unserer langen Wanderung haben wir dank dem PubliCar die Möglichkeit, auch nur Teilstrecken des Weges zurückzulegen. Der PubliCar kommt auf Bestellung nach Grandfontaine, Roche-d'Or, Grottes de Réclère und Damvant.

Aufstieg zum Aussichtsturm

Ausgangspunkt unserer Rundwanderung ist Grandfontaine in der Ajoie. Hierher gelangen wir mit dem Auto über die A16 Delémont–Porrentruy oder mit Bahn und Postauto bzw. PubliCar (Delémont und Porrentruy umsteigen).
Grandfontaine ist eines der ältesten Dörfer der Ajoie und zählt heute rund 350 Einwohner. Von der Halte-

Nach einem Aufstieg erreichen wir das Plateau von Roche-d'Or , von wo aus sich uns ein herrliches Panorama über die Ajoie bietet.

Unten: Die drei Plattformen des Aussichtsturms Faux d'Enson sind rasch erstiegen. Es bietet sich uns ein Ausblick bis weit nach Frankreich hinein.

stelle des Postautos führt unser Weg in Richtung Roche-d'Or. Nachdem wir das erste Waldstück passiert haben, überqueren wir vorsichtig die Kantonsstrasse und folgen einige Meter dem asphaltierten Nebensträsschen. Bei der nächsten Gelegenheit biegen wir links in einen Feldweg ein, der in Richtung Rocourt führt. Wir kommen bis zur Abzweigung nach Roche-d'Or gut voran. Nun steigt der Weg grösstenteils im schattigen Wald an, und wir überwinden einen Höhenunterschied von 250 m. In Roche-d'Or auf 837 m ü. M. angekommen, können alle, die noch mögen, einen Abstecher zum Aussichtsturm Faux d'Enson unternehmen (für den Hin- und Rückweg zusätzlich 40 Minuten). Der Turm befindet sich oberhalb des Dorfes auf 926 m ü. M. Von dem im Jahr 1989 eröffneten, 10 m hohen

Über diese abenteuerliche und schwankende Hängebrücke führt unser Weg im Préhisto-Parc.

Ob der Ankylosaurier, zu Deutsch der Panzersaurier, die Streicheleinheiten zu schätzen weiss?

Turm bietet sich uns ein eindrucksvolles 360-Grad-Panorama vom Rhein über das Elsass bis zum Jura. Die ganze Wanderung führt über einen ornithologischen (vogelkundlichen) Lehrpfad. Die Naturwissenschaftliche Gesellschaft von Porrentruy hat über 100 Nistkästen entlang des Weges eingerichtet.

Die Highlights von Réclère

Von Roche-d'Or steigen wir über den Wald La Montagne zu den Grottes de Réclère ab. Hier können wir entweder den Préhisto-Parc mit seinen lebensgrossen Dinosauriern oder die Tropfsteinhöhlen besuchen. Diese gehören zu den schönsten Europas, und wir müssen uns einer Führung anschliessen. Wer nach drei Stunden Wanderzeit müde ist, bestellt den PubliCar (Tel. 0800 55 33 00). Alle anderen wandern durch den Wald von Le Fahy und über die Weiden von Les Chaufours weiter nach Damvant, dem westlichsten Dorf der Ajoie, unmittelbar an der französischen Grenze. Wir queren die Strasse und folgen dem Weg hinter der Kirche in Richtung Grandfontaine. Nach weiteren eineinhalb Stunden Wanderzeit erreichen wir unseren Ausgangspunkt in Grandfontaine. Es bleibt die Rückfahrt mit dem Postauto oder PubliCar.

Nach unserem Dinosaurier-Abenteuer wandern wir wieder friedlich über Juraweiden dem Dorf Damvant und Grandfontaine zu. (Foto: Jura Tourisme)

Informationen

Wanderregion:
Ajoie/Jura

Wanderzeit:
4 h 35 min ohne Pausen, kann in mehrere kleine Etappen eingeteilt werden.

Karte:
Edition MPA/JPM 1 : 25 000, Blatt Ajoie.

Schwierigkeitsgrad:
Leicht – angenehme, gut begehbare Wege.

Kinderwagen/Rollstuhl:
Mit Buggy möglich, der Préhisto-Parc ist rollstuhlgängig – die übrigen Wege nur für abenteuerlustige Rollstuhlfahrer mit SwissTrac-Vorspannmotor.

Höhenmeter:
363 m bergauf und bergab.

Wandersaison:
Von April bis Oktober.

Verkehrsmittel:
Postauto und PubliCar/Rufbus, Tel. 0800 55 33 00, 1 h im Voraus bestellen.

Spannend für Kinder:
– Aussichtsturm Faux d'Enson oberhalb Roche-d'Or
– Tropfsteinhöhlen in Réclère
– Préhisto-Dinopark in Réclère
– Feuerstellen im Wald

Besonderes:
Die Tropfsteinhöhlen und der Préhisto-Parc in Réclère haben vom Palmsonntag bis Mitte November geöffnet. Für beide Attraktionen ist ein Eintrittspreis zu bezahlen. Hunde dürfen nicht mit in die Höhlen. Weitere Auskünfte im Internet unter www.prehisto.ch oder unter Tel. 032 476 61 55.

Weitere Auskünfte:
Jura Tourisme
Grand'Rue 5, 2900 Porrentruy
Tel. 032 420 47 72

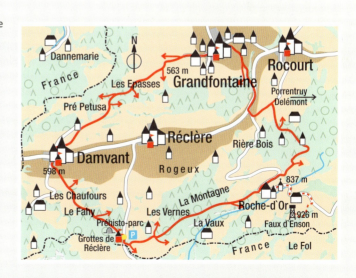

Pré-Petitjean

Portugiesische Feuerrösser und ein idyllischer Weiher

Unser Wanderweg führt durch typische Juralandschaft, unter anderem auch durch dichte Tannenwälder, die fast etwas gespenstisch wirken.

Besuch im Depot La Traction, wo Eisenbahn-Enthusiasten häufig am Samstag arbeiten.

Wie aufregend, wenn man beim Wandern ganz unverhofft einer Dampflok begegnet. Oder gar zusehen kann, wie sie restauriert wird! Aber auch Wanderer, die sich mehr für aussergewöhnliche Naturschönheiten interessieren, werden auf dieser Tour belohnt: mit der geheimnisvollen Moorlandschaft von Plain de Saigne. Und schliesslich gibts überall in den Freibergen schön gelegene Feuerstellen für eine willkommene sonntägliche Familienromantik.

Wanderungen in den Freibergen sind immer ein ganz besonderes Erlebnis. Die Weite der Landschaft, die dunklen Tannenwälder und die stillen Moorseen sind eine Rarität in der Schweiz. Fast fühlt man sich hier in den hohen Norden Skandinaviens versetzt.

Von den Feuerrössern zu den Feuerstellen

Unsere Wanderung beginnt in Pré Petitjean, das wir mit der Bahn von Biel über Tavannes und Le Noirmont (zweimal umsteigen) erreichen. Weil der Schmalspurzug nicht sehr oft am Tag fährt, können wir alternativ dazu auch den Bus nach Montfaucon nehmen und von dort aus in 15 Minuten hinunter nach Pré Petitjean spazieren. Mit dem Auto fahren wir von Tavannes über Saignelégier statt über Le

Im Naturschutzgebiet von Plain de Saigne gibts schöne Feuerstellen mit Tischen und Bänken für ein Picknick unter freiem Himmel.

Idyllische Landschaft wie im hohen Norden Skandinaviens. Der Lac Plain de Saigne wird von einem Hochmoor-Reservat umgeben.

Unser Aufstieg nach St-Brais führt durch die forstwirtschaftlich genutzten Wälder rund um Pré Dessus und Pré Dessous.

Nach eineinhalb Stunden Wanderzeit haben wir unser Ziel St-Brais erreicht. Im kleinen Juradorf kennt noch jeder jeden.

Eine andere Art des Reisens: Mit Pferd und Planwagen können Familien selbstständig durch die Freiberge rattern – meist in Verbindung mit einem Ferienarrangement.

Noirmont. Bei der Station Pré Petitjean gibts genügend Platz zum Parkieren. Wir folgen dem gelben Wanderwegweiser in Richtung La Combe und marschieren zunächst zum Depot der Bahngesellschaft La Traction, die im Sommer mit zwei portugiesischen Dampfzügen vom Anfang des letzten Jahrhunderts von Glovelier nach Saignelégier fährt. Wenn der Zug nicht unterwegs ist, wird er hier gewartet, die Mechaniker freuen sich, wenn man ihnen dabei zuschaut, und geben gerne Auskunft! Haben wir die Feuerrösser ausgiebig bewundert, gehts weiter bis zur Überführung. Hier erwartet uns bereits der erste Picknickplatz mit Feuerstelle. Wir behalten unsere Würste noch im Rucksack und gehen weiter. Gleich nach der Überführung zweigen wir links auf den Wanderweg ab und unterqueren das Bahntrassee.

Herrliche Rastplätze im Naturschutzgebiet

Nach einem gemütlichen Bummel durch den Wald von Communal Dessous erreichen wir das Hochmoor Plain de Saigne. Am Ufer des gleichnamigen Sees, der unter Naturschutz steht, gibts herrliche Plätze zum Rasten und Würstebraten. Nachdem wir die Landschaft und unser Essen in vollen Zügen genossen haben, wandern wir über Cerneux Claude weiter bis La Combe. Hier müssen wir kurz vor und nach dem Gasthaus das Bahngleis erneut queren. Nun gehts ein kurzes Stück weiter in Richtung Bollement. 200 m weiter zweigen wir links ab und folgen dem nicht als Wanderweg ausgeschilderten Feldweg bergauf. Nach einer Spitzkehre, vorbei am Hof von Le Senneut, erreichen wir Pré Dessus. Hier erwartet uns eine asphaltierte, kaum befahrene Strasse. Auf dieser gehen wir bis zur Anhöhe hinauf. Dort biegen wir rechts ab, um nicht zur Hauptstrasse zu gelangen. Auf diese

Weise kommen wir auch zu unserem Ziel St-Brais, einem kleinen, typischen Juradorf. Zurück nach Montfaucon/Pré Petitjean oder weiter nach Saignelégier (mit Anschluss an den Zug Le Noirmont–Tavannes) gelangen wir mit dem roten Bus der Jurabahn (CJ).

Informationen

Wanderregion:
Freiberge/Jura

Wanderzeit:
2 h ohne Pausen.

Karte:
Landeskarte 1:25 000, Blatt 1105 Bellelay.

Schwierigkeitsgrad:
Leicht – gut ausgebaute Wege, Aufstieg über Le Senneut nicht als Wanderweg markiert.

Kinderwagen/Rollstuhl:
Mit Buggy möglich – die übrigen Wege nur für abenteuerlustige Rollstuhlfahrer mit SwissTrac-Vorspannmotor.

Höhenmeter:
130 m bergab, 169 m bergauf.

Wandersaison:
Von April bis Oktober.

Verkehrsmittel:
CJ-Schmalspurbahn und CJ-Bus.

Spannend für Kinder:
– Depot La Traction in Pré Petitjean
– Feuerstellen in den Freibergen
– evtl. Begegnungen mit Dampf-
  lokomotiven und Planwagen

Besonderes:
Wie im Wilden Westen: An vielen Orten in den Freibergen lassen sich Pferd und Planwagen mieten. Jura Tourisme weiss Bescheid! Im Depot

von La Traction wird häufig am Samstag gearbeitet. Voranmeldung für einen Besuch ist empfehlens-wert: Tel. 032 955 10 30 oder depot@la-traction.ch. Weitere Informationen unter www.la-traction.ch.

Weitere Auskünfte:
Jura Tourisme
Place du 23-Juin 6
2350 Saignelégier
Tel. 032 420 47 70
www.juratourisme.ch

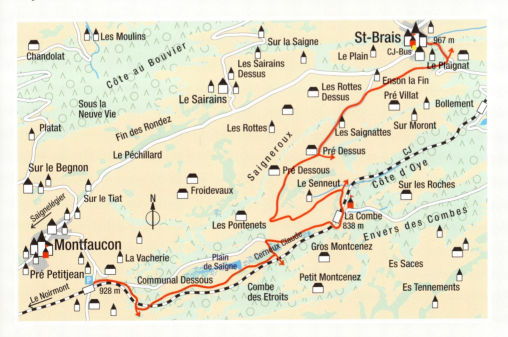

Creux du Va

Im Felsenkessel sagen sich Gämse und Steinbock gute Nacht

Von Brot-Dessous, tief unten im Val de Travers, blicken wir hinauf zum Creux du Van, der aus dieser Perspektive fast wie eine Staumauer aussieht.

Der Felsenkessel des Creux du Van über dem Val de Travers ist das älteste Naturschutzgebiet der Schweiz. Lange bevor 1909 der Schweizerische Bund für Naturschutz (heute pro natura) als nationale Dachorganisation gegründet wurde, entstand hier im Neuenburger Jura auf private Initiative hin das erste Reservat der Schweiz.

Der Creux du Van zählt zu den eindrucksvollsten Naturdenkmälern im Jura. Die halbrunde, 160 m hohe Felsarena ist durch jahrtausendelange Erosion entstanden. Am bewaldeten Fuss des Felsenkessels erlegte Daniel Robert 1757 den letzten Bären im Tal. Auf Bären wird man heute im Creux du Van vergeblich warten; dafür sind die Gämsen und Steinböcke, die nach ihrer Ausrottung im Reservat wieder angesiedelt worden sind, recht zutraulich. In der Nähe der Ferme Robert am Fuss des Felsenkessels lassen sie sich häufig blicken.

Am Rand des Abgrunds

Wir nähern uns dem Creux du Van von Neuchâtel aus und erhalten schon von der Strasse aus einen ersten Einblick in das faszinierende Schaustück der Natur. Fast könnte man glauben, es handle sich um eine

Der erste Abschnitt unserer Wanderung führt uns von Chez les Favre zur bewirteten Ferme du Soliat, wo wir uns stärken können.

Nach der Ferme du Soliat nehmen wir den letzten Anstieg zur Felskrone des Creux du Van in Angriff.

Staumauer. In der Dorfmitte von Couvet zweigen wir links ab und fahren gleich nach der Brücke über die Areuse nochmals nach links. Es folgt eine kurvenreiche Strasse, bis wir in Le Couvent nach Osten abbiegen. Von hier aus gelangen wir durch schöne Juraweiden bis zum Parkplatz Chez les Favre.

An dieser Stelle beginnt unsere Wanderung. Wir folgen dem Teersträsschen weiter nach Osten und geniessen die herrliche Aussicht auf die parkartige Juralandschaft mit ihren grossen Weiden und weit ausladenden Tannen. Der Weg steigt stetig, aber nicht steil an, und das letzte Stück vom Punkt 1346 bis zum Bergrestaurant Ferme du Soliat ist nicht mehr geteert.

Nach einer kleinen Erfrischung spazieren wir über die Wiesen bis zur Felskrone des Creux du Van. Vorsicht: Hier gehts lotrecht

Im gewaltigen Felszirkus des Creux du Van leben Gämsen, Steinböcke und Luchse. Letztere bekommt man allerdings kaum zu Gesicht.

Der Mensch erscheint im Vergleich zu den gewaltigen Dimensionen der Natur unbedeutend und klein.

Selbst im Sommer bleibt unterhalb der senkrecht abfallenden Felswände, wo kaum je die Sonne hinscheint, der Untergrund gefroren.

Ein Abstecher zu den Asphaltminen. Mittels dieser kleinen Stollenwagen wurde früher der wertvolle Rohstoff befördert.

bergab – nur schwindelfreie Wanderer wagen sich bis an den Rand des Abgrunds.

Mit dem Fernglas bewaffnet

Wir können nun auf einem Bergweg der Felskrone des bizarren Naturdenkmals folgen. Wer ein Fernglas mitgenommen hat, kann vielleicht die in den Felsen ansässigen Gämsen und Steinböcke beobachten. Die Felsarena fällt im Norden steil ab, im Süden dagegen breitet sich fruchtbares Weideland aus. Nach etwa 30 Minuten haben wir den Ostzipfel des Creux du Van erreicht. Von hier aus steigen wir zum grossen Jurahof La Grand Vy ab. Dort wechseln wir auch die Richtung, und wir wandern nun nach Südwesten. Die nächsten Stationen unterhalb des 1463 m hohen «Gipfels» Le Soliat heissen Creux de l'Eau und La Baronne. Wir bleiben auf der breiten Forststrasse, und nach einem kurzen Waldstück schliessen wir unsere Runde beim Punkt 1346. Den Rest des Weges kennen wir. Nach weiteren 20 Minuten erreichen wir wieder unseren Ausgangspunkt, den Parkplatz Chez les Favre.

Informationen

Wanderregion:
Val de Travers/Neuchâtel

Wanderzeit:
2 h ohne Pausen (wer Bahn und Bus benutzt, muss mit einer Gesamtwanderzeit von 5 h rechnen).

Karte:
Landeskarte 1 : 25 000, Blatt 1163 Travers.

Schwierigkeitsgrad:
Leicht – teilweise Bergwege, nur für Schwindelfreie.

Kinderwagen/Rollstuhl:
Nicht möglich.

Höhenmeter:
202 m bergauf und bergab.

Wandersaison:
Von ca. Mitte Mai bis Oktober.

Verkehrsmittel:
Auto – oder Regionalzug bis Couvet und Postauto Richtung Yverdon bis Haltestelle Provence, Le Couvent. Bahn und Bus wegen den schlechten Verbindungen nur bedingt zu empfehlen.

Spannend für Kinder:
– Beobachtung von Gämsen und Steinböcken (Fernglas mitnehmen)
– Feuerstellen am Rand der Juraweiden (Vorsicht bei Trockenheit!)
– Asphaltminen in La Presta

Besonderes:
Die Wanderung auf dem Creux du Van lässt sich mit einem Besuch der Asphaltminen im Val de Travers verbinden. Diese befinden sich im kleinen Ort La Presta und sind während des Sommers täglich geöffnet. Die Reise in die Tiefe des Berges führt durch geheimnisvolle Stollen. Weitere Informationen über die Öffnungszeiten unter Tel. 032 864 90 64.

Weitere Auskünfte:
Neuchâtel Tourisme – Val-de-Travers
Centre sportif régional
Clos-Pury 15, 2108 Couvet
Tel. 032 889 68 96
www.neuchateltourisme.ch

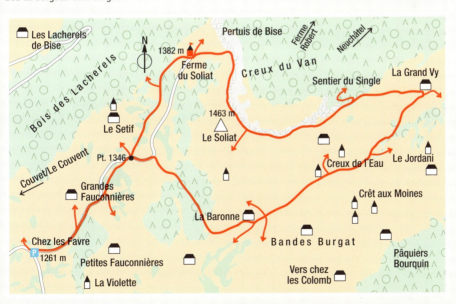

LIBERTÉ
ET
PATRIE

Abenteuer auf dem Berg, abenteuerlicher Abstieg im Wald

Die schöne Natur genügt nicht immer, um aktive Kids und ihre Familien in die Bergwelt zu locken. Deshalb müssen Tourismusorte zusätzliche attraktive Angebote schaffen. Auch in den Waadtländer Alpen gibt es verschiedene Attraktionen für die Familie: zum Beispiel der Mike-Horn-Parcours auf La Braye bei Château-d'Oex.

Vom Bahnhof in Château-d'Oex, den wir mit der Schmalspurbahn via Zweisimmen erreichen, gehen wir die Treppen hinunter, überqueren die Haupt-

Ausgangspunkt unserer Wanderung ist das Waadtländer Bergdorf Château-d'Oex, es befindet sich in der Nähe von Gstaad.

Die Bergstation La Braye auf 1625 m ü. M. bietet verschiedene Möglichkeiten – ob Ameisenlehrpfad oder Mike-Horn-Parcours.

Die blaue Luftseilbahn bringt uns von Château-d'Oex zur Mittelstation Pra Perron, wo wir in den Zweier-Sessellift umsteigen.

strasse und folgen den Schildern zur Talstation der Luftseilbahn. Bis nach Pra-Perron schweben wir in einer Kabine, anschliessend müssen wir in Zweiersitze umsteigen. Mit der Sesselbahn auf La Braye (1625 m ü. M.) angekommen, staunen wir über die vielen Möglichkeiten, die sich den Besuchern bieten: ein Ameisenlehrpfad, eine Mountainbike- oder Trotti-Abfahrt, die Schatzsuche «Mike Horn Family», ein attraktiver Spielplatz, Picknickplätze, die angenehme Panorama-Terrasse des Restaurants, ein kleiner Bauernhof mit vielen kuschligen Tieren – alles in einer familiären und geselligen Atmosphäre.

Kleine Schatzsucher

Unsere Kids begeben sich mit Eifer auf die Spuren von Mike Horn – einem in Südafrika geborenen Abenteurer, der jetzt in Château-d'Oex lebt. Es gilt, sich von Posten zu Posten durchzukämpfen: Klettermauer, Höhle, Hängebrücke und vieles mehr erwarten die kleinen Abenteurer unterwegs. Der Parcours (nicht in der Wanderzeit eingerechnet) bringt uns arg ins Schwitzen, und wir brauchen schon vor dem Start zu unserer Wanderung die erste Pause. Was auch sein Gutes hat: Wir kommen endlich dazu, die fantastische Aussicht auf das Pay d'Enhaut und das Montblanc-Massiv zu geniessen.

Zunächst gemütlich, dann ruppig bergab

Wir verabschieden uns von Mike Horn und nehmen den Weg ins Tal unter die Füsse.

Eine grosse Portion Mut benötigen Kids, um über diese schwankende Hängebrücke zu balancieren.

Wer mag, kann im Rahmen des Mike-Horn-Parcours auch das Abseilen üben und sich als kleiner Abenteurer beweisen.

Unterhalb des Restaurants führt er links zur Alp Sur le Grin. Ein paar neugierige Kühe beäugen uns erstaunt, wenden sich aber bald wieder den saftigen Alpenkräutern zu. Nach der Alp Sur le Grin wechselt der Wanderweg in ein asphaltiertes, kinderwagengängiges Strässchen. In vielen Kehren, teilweise durch lichten Wald, wandern wir ca. 50 Minuten stetig abwärts zur Mittelstation Pra Perron. Von hier könnten wir mit der Luftseilbahn zurück nach Château-d'Oex fahren. Wir entscheiden uns, den sonnigen Tag auszunützen, und biegen links auf den Bergwanderweg in den Wald und Richtung Les Rosettaz ein. Der Rat der Dame an der Talstation in Château-d'Oex, an dieser Stelle vorsichtig zu sein, bewahrheitet sich. Auf dem feuchten, felsigen Weg steil abwärts kämpfen wir gelegentlich mit dem Gleichgewicht. Aber nur für die ersten zehn Minuten. Dann überqueren wir geradeaus eine Waldlichtung und erreichen einen breiten Wanderweg. Gemütlich wandern wir dem Waldrand entlang bis zum Weiler La Rosettaz. Hier treffen wir auf die Autostrasse über den Col des Mosses. Weil die Postautos zurück nach Château-d'Oex nur sehr spärlich

Auf dem Ameisenlehrpfad erfahren wir mehr über das Leben der kleinen Krabbeltiere.

Nach so viel Abenteuern und Spannung brechen wir zu unserer Talwanderung auf.

fahren, müssen wir unsere Wanderung auf den Fahrplan abstimmen und genügend Reservezeit einplanen.

Sollten wir uns dennoch verspätet haben, wäre es auch möglich, von La Rosettaz zurück nach Château-d'Oex zu wandern (ca. eine zusätzliche Stunde). Schliesslich fahren wir von Château-d'Oex mit der Montreux–Oberland-Bahn zurück nach Rougemont.

Zum Abschluss haben sich unsere Kinder noch einen Besuch im Freibad von Château-d'Oex verdient.

Informationen

Wanderregion:
Château-d'Oex/Waadt

Wanderzeit:
2 h 30 min ohne Pausen und Mike-Horn-Parcours (falls wir in La Rossettaz den Bus verpassen, zusätzlich eine Stunde bis Château-d'Oex).

Karte:
Landeskarten 1:25 000, Blätter 1245 Château-d'Oex und 1265 Les Mosses.

Schwierigkeitsgrad:
Mittelschwer – zunächst Schotterweg und Hartbelag bis Mittelstation, anschliessend Bergweg und steil (nur für Trittsichere und mit festen Schuhen).

Kinderwagen/Rollstuhl:
Erstes Teilstück bis Pra Perron gut geeignet für Familien mit kleineren Kindern und Buggy.

Höhenmeter:
651 m bergab.

Wandersaison:
Von Mai bis Oktober.

Verkehrsmittel:
Bahn, Luftseilbahn, Sessellift und Postauto (zuvor den Fahrplan des Postautos auf die Wanderzeit abstimmen).

Spannend für Kinder:
– 4 km langer Mike-Horn-Parcours
– Kinderspielplatz auf La Braye
– spannender Bergweg für Trittsichere ab Mittelstation
– zum Abschluss ein Besuch im Schwimmbad von Château-d'Oex

Besonderes:
Alternativ zu unserer Wanderung könnten wir auch den rund zweistündigen Ameisenlehrpfad unter die Füsse nehmen. Wir erfahren an sieben Posten mehr über die kleinen Krabbeltiere, zum Beispiel wie ihre Gesellschaft organisiert ist. Detaillierte Angaben bei der Talstation der Luftseilbahn.

Weitere Auskünfte:
Télé-Château-d'Oex
La Ray, 1660 Château-d'Oex
Tel. 026 924 67 94
www.telechateaudoex.ch

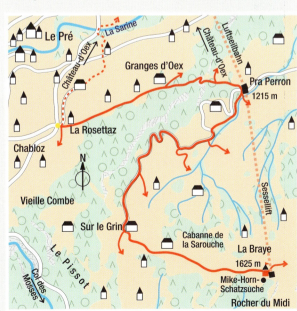

Champex

Das Relikt aus der letzten grossen Eiszeit

Der Lac de Champex im Unterwallis gilt als idyllischer Bergsee und mancherorts noch als richtiger Geheimtipp.

Mit dem zweiplätzigen Sessellift schaukeln wir über die Tannenwipfel und überwinden fast 700 Höhenmeter.

Die kleine zweiplätzige Sesselbahn, die von Champex auf die Sonnenterrasse La Breya führt, ist nicht auf dem neusten Stand der Technik: Hier muss man noch mit einem beherzten Schwung aufspringen – doch keine Bange, die freundliche Dame an der Kasse lässt bei Kindern und älteren Leuten die Bahn langsamer fahren oder sogar kurz anhalten.

Einmal im Sessel, schwebt man über schöne Lärchenwälder; das herrliche Panorama zu den Walliser Alpen und zum Lac de Champex ist im Fahrpreis inbegriffen! Sehr fischreich und gerade mal 4–5 m tief soll der reizende Lac de Champex sein. Entsprechend viele Angler tummeln sich am Ufer und hoffen auf eine Regenbogenforelle. Seit 1945 unterhält die Fischereigesellschaft von Champex den Fischbestand im See. Wer angelt, muss also mindestens ein Tagespatent lösen, weitere Informationen dazu gibts im Tourismusbüro.

Ein See, vom Gletscher modelliert

Als Urheber des Hochtals mit seinem idyllischen See kommt nur die letzte Eiszeit infrage. Ungefähr vor 10 000 Jahren kroch der Ferret-Gletscher durchs Tal und lagerte südlich vom Lac de Champex eine Seitenmoräne ab. Auch der Arpette-Gletscher blieb zu jener Zeit nicht untätig und hinterliess einen Schuttwall im Nordwesten. Die Senkung zwischen den beiden Moränen wurde nach dem Rückzug der Gletscher von

Oben auf Grands Plans (2194 m ü. M.) angekommen, bleiben wir einen Moment stehen, um das herrliche Panorama zu bewundern.

dem Wildbach aus dem Val d'Arpette aufgefüllt. Obwohl er nur wenige Meter tief ist, konnte sich der See von Champex während Jahrtausenden halten.

Auch das Zeitalter des Tourismus hat er gut überstanden. Obwohl an seinem Ufer einige Hotels und Ferienwohnungen entstanden sind, hat das Gewässer nur wenig von seiner Ursprünglichkeit eingebüsst.

Mit dem Sessellift in den Arvenwald

Mit der einzigen Bergbahn von Champex, dem bereits bekannten Sessellift, fahren wir vom nördlichen Dorfrand aus auf La Breya – genauer gesagt zur Bergstation Grands Plans auf 2194 m, die sich an der Flanke des um rund 200 m höheren Berges

Unser Weg führt nun auf einem Schotter-strässchen, das im Winter als Skipiste benutzt wird, durch eine riesige Geröllhalde.

Zum Abschluss belohnen wir uns und unsere Kinder mit einer Ruderbootfahrt auf dem zauberhaften Lac de Champex.

Allmählich nähern wir uns dem Val d'Arpette, besonders eindrücklich sind die knorrigen und stämmigen Arven links und rechts des Weges.

Im Talboden von L'Arpette angekommen, schlendern wir über die Wiesen zum Berggasthof mit dem Streichelzoo.

La Breya befindet. Auch Bergsteiger benützen gerne die Bahn, denn Grands Plans ist Ausgangspunkt für eine Wanderung zur Orny- und Trienthütte. Unsere Familienwanderung ist weniger anstrengend, sie führt auf einem breiten Weg ins Val d'Arpette. Nachdem wir den stämmigen Arven-

wald von Revers d'Arpette durchquert haben, erreichen wir die Wegverzweigung beim Punkt 1822. Hier gilt es, talabwärts zu marschieren. Die Einkehr im Berggasthof Arpette lohnt sich, denn der Streichelzoo ist für Kinder ein besonderes Erlebnis. Nach einer Erfrischung nehmen wir schliesslich die letzte Etappe in Angriff. Gleich am Waldrand zweigen wir von der Strasse ab und wählen den Fussweg, der über Stock und Stein weiter bergab und zurück zur Talstation des Sesselliftes führt.

Informationen

Wanderregion:
Champex/Wallis

Wanderzeit:
1 h 30 min ohne Pausen und Aufenthalt im Streichelzoo vom Berggasthof Arpette.

Karte:
Landeskarte 1:25 000, Blatt 1345 Orsières.

Schwierigkeitsgrad:
Mittelschwer – zunächst auf breitem Schotterweg, später auch über Bergwege steil bergab (nur mit festen Schuhen).

Kinderwagen/Rollstuhl:
Nicht möglich: Kleinkinder sollten getragen werden. Rollstuhlfahrer können rund um den Lac de Champex fahren. Allerdings gehts am südlichen Ufer über zahlreiche Wurzeln.

Höhenmeter:
696 m bergab.

Wandersaison:
Der Sessellift fährt nur von Mitte Juni bis Mitte September.

Verkehrsmittel:
Mit der Bahn von Martigny nach Orsières, von dort aus direkt mit dem Bus bis zur Talstation der Sesselbahn. Über die Betriebszeiten der Sesselbahn sollte man sich vorher erkundigen (Tel. 027 783 13 44 oder im Internet unter www.tele-champex.ch).

Spannend für Kinder:
- Streichelzoo beim Berggasthof Arpette
- Angeln am Lac de Champex
- Ruderboot fahren auf dem Lac de Champex nach der Wanderung

Besonderes:
Champex ist so weit von der Deutschschweiz entfernt, dass eine Übernachtung empfehlenswert ist. Warum nicht einmal auf dem abenteuerlichen und naturnahen Campingplatz von Arpette? Hier stellen meist nur Bergfreunde ihre Igluzelte auf. Die Zufahrt mit dem Auto ist möglich.

Weitere Auskünfte:
Office du tourisme
1938 Champex-Lac
Tel. 027 783 12 27
www.saint-bernard.ch

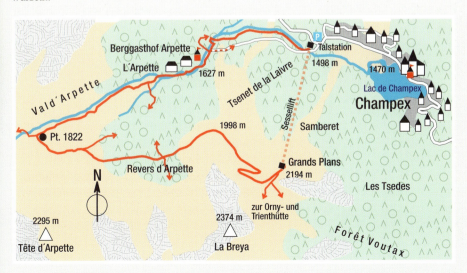

Verbie

Mit dem Jumbo zur Alpenclub-Hütte

Ein richtiges Luftseilbahnmonster, in dem 150 Passagiere Platz finden: Der «Jumbo» verkehrt zwischen La Chaux und dem Col de Gentianes.

Ein Abstecher auf den Mont Fort gehört auch zur Wanderung. Auf 3328 m ü. M. können wir Gletscherluft schnuppern.

Ein 4314 m hoher Berg, 400 km Wanderwege, 1434 Kühe der berühmten Ehringer-Rasse, 260 Sonnentage und 23 Dörfer – das Walliser Val de Bagnes hat sich ganz dem Tourismus und der Berglandwirtschaft verschrieben. Inmitten dieses Paradieses befindet sich das Chaletdorf Verbier, das in der Liga der internationalen Jetset-Ferienorte mitspielt. Hier wohnen auch viele bekannte Persönlichkeiten wie zum Beispiel der Sänger James Blunt.

Die etwas weiter entfernte Gebirgsgruppe des Grand Combin (4314 m ü. M.) und der um tausend Meter niedrigere, aber nicht minder mächtige Mont Fort (3330 m ü. M.) hoch über dem Sommer- und Wintersportort Verbier bilden die Eckpfeiler im französischsprachigen Unterwalliser Tal.

Téléverbier machts möglich

Touristisches Zentrum der Region ist Verbier (1500 m ü. M.), das, auf einer Sonnenterrasse gelegen, von Le Châble aus mit einer modernen Gondelbahn erreicht wird. Téléverbier heisst nicht etwa der lokale Fernsehsender, sondern das Bergbahnunternehmen, welches über Dutzende Anlagen aller Art verfügt. Ausgangspunkt unseres Ausflugs ist Les Ruinettes, das wir ab Le Châble im Val de Bagnes mit der Zubringerbahn erreichen, die über Médran am östlichen Dorfrand von Verbier führt. Besonders inte-

Auf den ersten Metern führt unser Weg am Glacier de Tortin vorbei. Das Eis darf nur von geübten Bergsteigern betreten werden.

ressant sind die beiden parallel angelegten Gondelbahnen zwischen Médran und Les Ruinettes. Auf 2200 m ü. M. kann man, nur im Winter, mit dem «Funitel» – einer eigenartigen Zweiseilkabinenumlaufbahn – auf Les Attelas fahren. Wir nehmen den Bus zur Talstation des «Jumbos» auf La Chaux. Die Carfahrt auf über 2000 m ist ebenso ungewöhnlich wie die riesige Luftseilbahn, die von La Chaux auf den Col des Gentianes (2950 m ü. M.) führt. 150 Personen, also so viele wie in einem Mittelstrecken-Passagierflugzeug, finden in der riesigen Kabine Platz. Die Tragseile des Jumbos haben nicht weniger als 63 mm Durchmesser! Schlusspunkt der Seilbahn-safari bildet die Gipfelfahrt auf den Mont Fort, hierzu steigt man in eine weitere, wesentlich kleinere Kabine. Vom 3330 m hohen Gipfel präsentiert sich ein kaum überschaubares Meer schneebedeckter Berge bis weit über die nahe schweizerisch-italienische Grenze hinaus. Auf allen Seiten von Gletschern umgeben, ist der Mont Fort

Wer das Picknick im Rucksack mitführt, könnte am Gletschersee unterhalb des Col de Gentianes ein idyllisches, aber steiniges Plätzchen finden.

Wir folgen auf dem ersten Teil unserer Wanderung dem Schotterweg, der auch von Mountainbikern benützt wird und teils über alte Schneefelder führt.

Auf dem zweiten Teil der Wanderung gehts über Bergwege und schöne Alpwiesen zur SAC-Hütte Mont Fort, wo übernachtet werden kann.

selbst jedoch eine ebenso imposante Erscheinung.

Gemütlicher Abstieg zur SAC-Hütte

Weil der Mont Fort hochalpin, also von Gletschern und Felsen umgeben ist, starten wir vom Col des Gentianes zur Talwanderung nach La Chaux. Der breite Weg, der meist erst im Juli geöffnet ist, führt in zahlreichen Spitzkehren ins Tal. Nur wenige Meter vom Weg entfernt liegt am Fusse des Glacier de la Chaux ein reizender Gletschersee. Nachdem wir die Jumbo-Seilbahn unterquert haben, biegen wir vom breiten Weg ab und erreichen völlig mühelos die SAC-Hütte Mont Fort. Besonders für Kinder ist die Übernachtung in einer Alpenclub-

hütte ein besonderes Erlebnis. Wer eine längere Anreise gehabt hat, wird vermutlich ohnehin über Nacht in Verbier bleiben – warum also nicht in der gemütlichen Hütte schlafen, mit den Bergsteigern aufstehen und den grandiosen Sonnenaufgang erleben? Der Hüttenwart Daniel Bruchez gibt gerne Auskunft, ob es noch freie Plätze hat (Tel. 027 778 13 84). Nach so viel Hüttenromantik auf 2457 m ü. M. gehts auf einem schmalen Bergweg weiter, der in westlicher Richtung zunächst steil den Berg hinunter und dann einem Wasserkanal – im Unterwallis «Les Bisses» genannt – entlangführt. Natürlich könnte man von hier aus auch nach La Chaux absteigen und mit dem Bus bis Les Ruinettes fahren. Doch die Landschaft ist so schön, dass wir uns entschlies-

Schliesslich bleibt das dritte Teilstück, das uns entlang einem Wasserkanal, hier «Bisse» genannt, zurück nach Les Ruinettes bringt.

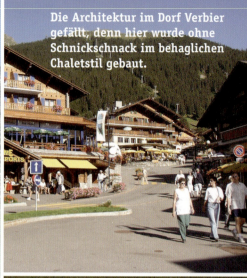

Die Architektur im Dorf Verbier gefällt, denn hier wurde ohne Schnickschnack im behaglichen Chaletstil gebaut.

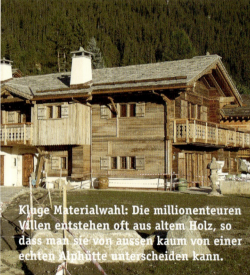

Kluge Materialwahl: Die millionenteuren Villen entstehen oft aus altem Holz, so dass man sie von aussen kaum von einer echten Alphütte unterscheiden kann.

sen, den «Bisses» zu folgen und über Les Naires und Tsarbonné bis zur Station von Les Ruinettes zu wandern.

Schönes Dorf, teurer Boden

Wieder in Verbier, sollten wir unbedingt noch einen Rundgang durchs Dorf machen. Trotz mondänen Shops mit internationalen Brands, Bars und anderen Freizeitangeboten zählt Verbier zu den schöneren Orten in der Schweiz. Die Gemeinde konnte dank konsequenter Bauvorschriften den lokalen Chaletstil erhalten, sodass hier nicht wie in St. Moritz, Davos oder Crans-Montana hässliche klotzige Bauten in den Himmel ragen und das Ortsbild verunstalten. Blumengeschmückte Chalets, ebensolche Villen und hübsche, saubere Strassen führen durch den Ort. Wäre der Boden hier nicht so teuer, könnten wir direkt in Versuchung geraten, uns hier im Alter niederzulassen und die Sonnenseite des Lebens zu geniessen.

So begnügen wir uns mit einem Dorfrundgang, einer Erfrischung in einem der zahlreichen Strassencafés und überlegen uns vielleicht, den nächsten Urlaub hier zu verbringen.

Informationen

Wanderregion:
Verbier/Wallis

Wanderzeit:
2 h 30 min ohne Pausen.

Karte:
Landeskarte 1 : 25 000, Blatt 1326 Rosablanche.

Schwierigkeitsgrad:
Leicht – meist auf Schotterstrasse, zur Mont-Fort-Hütte Bergweg.

Kinderwagen/Rollstuhl:
Mit Buggy möglich (sehr holprig, grobe Steine), jedoch ohne Abstecher zur SAC-Hütte. Gut trainierte Rollstuhlfahrer mit Swiss-Trac können ab Les Ruinettes problemlos bis La Chaux fahren, von dort aus je nach Ausdauer und Können auch weiter zum Col de Gentianes.

Höhenmeter:
639 m bergab.

Wandersaison:
Die Seilbahnanlagen von La Chaux zum Mont Fort sind während des Sommers nur im Juli und August geöffnet.

Verkehrsmittel:
Mit der Bahn von Martigny nach Le Châble, von dort aus mit der Gondelbahn über Verbier (umsteigen) nach Les Ruinettes. Genaue Betriebszeiten vor dem Ausflug abklären (Tel. 027 775 25 11 oder im Internet unter www.verbier-sportplus.ch).

Spannend für Kinder:
– hochalpine Natur mit Gletschern
– riesige Luftseilbahn
– Übernachtung in der Hütte

– in Verbier zwei geheizte Schwimmbecken, Kinderspielplatz, Beach Volleyball und Halleneisbahn

Besonderes:
Wer in Verbier übernachtet, kann am nächsten Tag einen Ausflug mit dem kleinen Panoramazug auf Rädern unternehmen. Dreimal wöchentlich (Anmeldung beim Tourismusbüro obligatorisch) fährt der Verbier-Gast gratis zum gigantischen Staudamm von Mauvoisin, zur Kapelle von Val de Bagnes oder zur Landwirtschaftsstation Bruson.

Weitere Auskünfte:
Verbier/Bagnes Tourisme
1936 Verbier
Tel. 027 775 38 88
www.verbier.ch

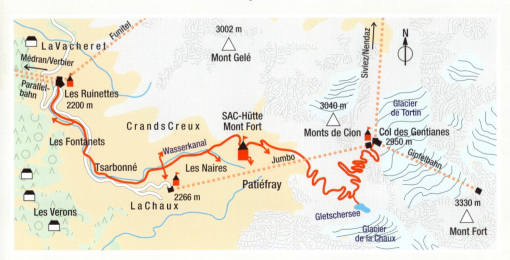

Gräch

Dieses dreistöckige Wohnhaus, uralt und aus Lärchenholz gezimmert, ist typisch für das Walliser Bergdorf Grächen.

Kinderparadies auf der Sonnenterrass

Im Oberwalliser Feriendorf Grächen (1620 m ü. M.) wird das Wandern zum spielerischen Vergnügen. Der Ravensburger Spieleweg sorgt an 16 verschiedenen Spielestationen, die übers ganze Wandergebiet verteilt sind, für Kurzweil. Die Ausflüge können individuell kombiniert werden, die Attraktionen beschränken sich also nicht auf einen einzigen Weg.

Die Chalethüsli eignen sich vor allem zum Spielen bei zweifelhafter Witterung. Manchmal ist aber der Andrang gross.

Wer seine Ferien in Grächen verbringen will, muss auf das Auto verzichten können. Dieses wird wie bei anderen autofreien Ferienorten in einem grossen Parkhaus am Dorfrand abgestellt. Von dort aus gehts nur noch zu Fuss oder mit dem Elektrotaxi weiter. Die engen Gassen im Dorfkern wären für Autos auch viel zu schmal. Am besten fahren wir gleich mit dem öffentlichen Verkehrsmittel nach Grächen. Nach der Eröffnung des Lötschberg-Basistunnels ist das Wallis sowieso eine Stunde näher an die «Üsserschwyz» gerückt. In Visp, gleich nach dem Tunnel, steigen wir in die Matterhorn–Gotthard-Bahn (MGB) um. Mit ihr fahren wir bis nach St. Niklausen, wo bereits das Postauto nach Grächen wartet. Nach einer kurvenreichen Fahrt erreichen wir das typische Walliser Bergdorf auf einer Sonnenterrasse.

Eine Woche lang spielen

Den Spielerucksack geschultert, scheint für einmal, sehr zur Freude der Eltern, jeder Sprössling plötzlich

Das «Verrückte Labyrinth» befindet sich unmittelbar im Dorf.

Im Bergdorf Grächen fühlt man sich sofort zu Hause, die blumengeschmückten Balkone zeugen von viel Liebe zum Detail.

viel Spass am sonst so langweiligen Bergwandern bekommen zu haben. Die Rucksäcke können bei Grächen Tourismus vor Antritt der Wanderung für zehn Franken ohne bzw. fünf Franken mit Gästekarte bezogen werden (Preise 2008). Dazu gehört auch ein Spielepass, der nach den Ferien in Grächen gegen ein Geschenk eingetauscht werden kann. Zur Auswahl steht ein komplettes Wandergebiet. Es steht jeder Familie frei, die einzelnen Spielestationen zu kombinieren. Auf diese Weise kommt garantiert

keine Langeweile auf, denn ein einzelner Weg wäre ein einmaliges Erlebnis, das sich bloss auf einen Tag beschränkt. In Grächen können wir aber eine ganze Ferienwoche lang spielen und wandern.

Auch bei zweifelhafter Witterung

Gleich drei Spielstationen liegen am ziemlich ebenen Weg von Grächen über Gasenried nach Schalbetten – sofern wir überhaupt so weit kommen, weil das Spielen

Auf dem Weg von der Hannigalp nach Grächen kommen wir auch an diesem malerischen Bergsee, schlicht Z'Seew genannt, vorbei.

Ganz interessant sind die Wasserleitungen auf dem Rückweg von Schalbetten nach Grächen.

Krönender Abschluss eines jeden Familientages ist der Aufenthalt im 4000 m² grossen Robis Freizeitpark.

doch einige Zeit in Anspruch nimmt. Auf dem gleichen Weg oder entlang den Wasserleitungen wandern wir zurück nach Grächen. Eine andere Möglichkeit wäre, mit der Gondelbahn auf die Hannigalp (2121 m ü. M.) zu fahren und über Z'Seew nach Grächen hinunterzuwandern. Dabei kommen wir an zwei Spielestationen vorbei. Wer von der Hannigalp noch einen kleinen Abstecher in Richtung Osten Richtung Brandgäscha unternimmt, entdeckt eine

weitere Spielestation. Oder wie wär's mit der Königsetappe? Mit der Gondelbahn fahren wir aufs Seetalhorn (2868 m ü. M.); von dort aus wandern wir auf einem Bergweg über die Alp Heidnische Tossu und Stafel zur Bergstation der Gondelbahn Hannig. Unterwegs treffen wir auf vier weitere Spielestationen. Weil von den 16 Spielestationen deren neun mit einem kleinen Chalethüsli ausgestattet wurden, eignet sich der Spieleparcours vor allem auch für

Wanderungen bei zweifelhafter Witterung – allerdings sollte man unter diesen Voraussetzungen in der Nähe des Dorfes bleiben und sich nicht in exponiertes Gelände (z. B. Bergwege am Seetalhorn) wagen.

Informationen

Wanderregio
Grächen/Wallis

Wanderzeit:
Unterschiedliche Wanderzeiten – z. B. 2 h 30 min Grächen–Schalbetten–Grächen, 1 h 30 min Hannigalp–Grächen, 3 h Seetalhorn–Hannigalp (Spielzeiten nicht eingerechnet).

Karte:
Landeskarte 1:25 000, Blatt 1308 St. Niklausen.

Schwierigkeitsgrad:
Je nach gewählter Route unterschiedlich – von leicht (Grächen–Schalbetten, Hannigalp–Grächen) bis mittelschwer (Seetalhorn–Hannigalp).

Kinderwagen/Rollstuhl:
Mit einem geländegängigen Buggy kann die Wanderung von Grächen über Gasenried nach Schalbetten unternommen werden.

Höhenmeter:
Je nach gewählter Route unterschiedlich – praktisch flach zwischen Grächen und Schalbetten, 520 m bergab zwischen Hannigalp und Grächen, 747 m bergab zwischen Seetalhorn und Hannigalp.

Saison:
Die Gondelbahnen in Grächen sind von Mitte Juni bis Mitte Oktober in Betrieb.

Verkehrsmittel:
Zwei Gondelbahnen in Grächen. Informationen zu den Betriebszeiten und Fahrpreisen unter Tel. 027 955 60 10 oder im Internet unter www.bergbahnen-graechen.ch.

Spannend für Kinder:
– Ravensburger Spieleweg
– GPS-Wanderungen
– Robis Freizeitpark (ein 4000 m² grosser Spielplatz mit vielen Highlights)

Besonderes:
Für 15 Franken pro Tag bzw. 70 Franken pro Woche kann beim Tourismusbüro ein GPS-Gerät gemietet werden. Dies eignet sich speziell für Kinder, sie können damit die genaue Position der nächsten Spielestation bestimmen und sind den Eltern damit immer eine Nasenlänge voraus.

Weitere Auskünfte:
Grächen Tourismus
3925 Grächen
Tel. 027 955 60 60
www.graechen.ch

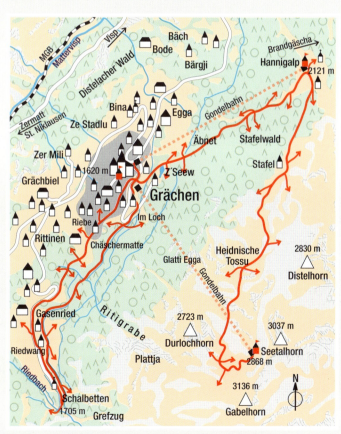

Bellwald

Auf 1612 m ü. M. liegt das Walliser Bergdorf Bellwald, wo wir uns im alten Dorfkern ins 18. Jahrhundert zurückversetzt fühlen.

Wander- und Trottiplausch im urigen Walliserdor

Auf einer Panoramaterrasse hoch über dem Rhonetal liegt ein Sonnendorf, das alle Wünsche in Bezug auf behagliche Ferien erfüllt. Zwar gibt es keine mondänen Shops und auch Partyvögel sucht man hier vergeblich, dafür bietet Bellwald typische Walliserhäuser mit engen Gassen und Laternen, schöne Bergchalets und ein wunderschönes, mit einer Sesselbahn erschlossenes Wandergebiet.

Genau so stellt man sich die Klischees von Ferien im Wallis vor. In Bellwald halten die Ferienprospekte, was sie versprechen.

Von der Bergstation Steibenkreuz wandern wir in rund 45 Minuten hinunter zum zauberhaften Spilsee.

Bellwald erreichen wir von Visp aus, wo Anschluss vom Intercity der SBB auf den Regionalzug der Matterhorn–Gotthard-Bahn (MGB) besteht. Wir fahren mit der roten Schmalspurbahn in einer guten Stunde über Brig und Fiesch bis zur kleinen Station Fürgangen, wo wir in die kleine Luftseilbahn einsteigen, die uns 413 m höher bis ins Berg- und Feriendorf Bellwald auf 1614 m ü. M. bringt.

Typische Walliser Häuser auf Steinplatten

Oben angekommen, steht ein kleiner Spaziergang durchs Dorf auf dem Programm, denn die Talstation der Sesselbahn befindet sich nicht gleich neben der Bergstation der Luftseilbahn. Wir müssen etwa 15 Minuten durchs Dorf hochsteigen (50 Höhenmeter, nicht in der Wanderzeit eingerechnet). Unser Weg führt uns mitten durchs urige Bellwald mit seinen romantischen, alten Holzhäusern, die teilweise auf Steinplatten stehen.

Mit der Sesselbahn, deren obere Sektion voraussichtlich im Sommer 2009 einem modernen Neubau mit Vierersesseln weichen muss, schweben wir über die Mittelstation Richenen (umsteigen) bis zum 2454 m

Der Weg ist weiss-rot-weiss als Bergweg gekennzeichnet. Wo befindet sich die nächste Markierung? Nicht immer ganz einfach zu finden ...

Mit den Wasserleitungen werden im trockenen Walliser Sommer die Alpweiden bewässert. Stauen oder Umleiten des Wassers verboten!

Nach gut eineinhalb Stunden Wanderzeit haben wir die Mittelstation Richenen erreicht.

Auf die Trottiabfahrt haben sich unsere Kinder den ganzen Weg gefreut.

hoch gelegenen Panoramaplatz Steibenkreuz.

Bei Windstille spiegeln sich die Gipfel im See

Wir geniessen zunächst die prächtige Aussicht auf die schneebedeckten Berner und Walliser Alpen. Der Blick reicht vom Obergoms dem Rhonetal entlang bis ins Untergoms und weiter zu den Viertausendern von Zermatt und Saas-Fee. Anschliessend brechen wir zu unserer leichten und genussvollen Wanderung auf. Der Bergweg führt zunächst zum See unterhalb der Bergstation, dort entdecken wir auf einem grossen Stein eine Wegmarkierung. Wir nehmen den rechten Weg, der uns über Bidmere leicht bergab zum Spilsee führt. Bei Windstille spiegeln sich im klaren Wasser die Gipfel der umliegenden Berge.

Nach einem Picknick am See nehmen wir den zweiten Teil unseres Abstiegs zur Mittelstation Richenen in Angriff. Wir folgen dem Bergbach über Altstafel bis zu den Alphütten von Chiebodma. Es lohnt sich, hier einen Augenblick auszuruhen und den Weitblick bis zum letzten Dorf im Obergoms zu geniessen. Unser Ziel, der Fleschensee bei Richenen, rückt mit jedem Schritt näher, sodass wir unsere schattenlose

Wanderung hoch über der Baumgrenze nach eineinhalb Stunden bei der Mittelstation beenden und auf der Terrasse des Bergrestaurants ein kühles Getränk geniessen. Wir haben die Möglichkeit, entweder mit der Sesselbahn zurück nach Bellwald zu fahren oder ein Trottinett zu mieten und über das Alpsträsschen hinunter ins Dorf zu brausen (6 km, 475 Höhenmeter).

Informationen

Wanderregion:
Bellwald/Wallis

Wanderzeit:
1 h 30 min ohne Pausen, zusätzlich ca. 30 min für die Trottiabfahrt.

Karte:
Landeskarte 1:25 000, Blatt 1270 Binntal.

Schwierigkeitsgrad:
Leicht – aussichtsreiche Bergwanderung auf fussbreiten Wegen über typisches Alpgelände.

Kinderwagen/Rollstuhl:
Mit einem Buggy kann man auf der Alpstrasse von der Mittelstation Richenen nach Bellwald wandern. Schüttelerprobte Rollstuhlfahrer mit SwissTrac-Vorspannmotor können auf der gleichen Strasse versuchen, nach Richenen hinaufzufahren.

Höhenmeter:
397 m bergab.

Wandersaison:
Die Sesselbahn in Bellwald fährt von Mitte Juni bis Mitte Oktober. Die Sesselbahn Steibenkreuz legt immer am Montag und Dienstag einen Ruhetag ein.

Verkehrsmittel:
Matterhorn-Gotthard-Bahn Visp–Fürgangen, Luftseilbahn Fürgangen–Bellwald, zwei Sesselbahnen in Bellwald. Vor dem Ausflug wegen dem geplanten Umbau der oberen Sektion unbedingt Betriebszeiten erfragen, Tel. 027 971 16 84.

Spannend für Kinder:
– Picknick am bezaubernden Bergsee
– Trottiabfahrt Richenen–Bellwald
– Funpark mit Halfpipe für Inlineskater

Besonderes:
Das Tourismusbüro Bellwald organisiert zahlreiche Events für Familien. Die Palette reicht von betreuten Kinderabenteuerwochen über Spielnachmittage und Spurensuchen bis zu Indianertreffs, Wasserspielen, Badeplausch, Tennisturniere und Kletterpartien.

Weitere Auskünfte:
Bellwald Tourismus
3997 Bellwald
Tel. 027 971 16 84
www.bellwald.ch

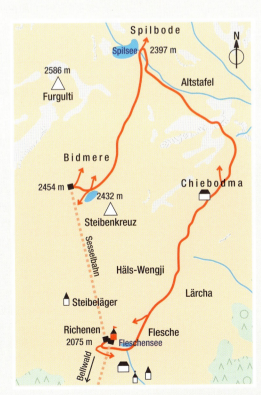

Mont Vully

Abstieg in die Unterwelt der alten Militärfestung

Wer mit den öffentlichen Verkehrsmitteln anreist, geniesst die Schiffsfahrt von der mittelalterlichen Stadt Murten nach Praz.

Das Dörfchen Praz steht ganz im Zeichen des Weinbaus.

Es ist stockfinster, und es läuft uns kalt den Rücken hinunter. Langsam und vorsichtig tasten wir uns mit den Taschenlampen durch die unheimlichen Stollengänge. Was es nicht alles gibt! Soeben sind wir noch durch schattige Wälder und aussichtsreiche Hochplateaus spaziert, und nun irren wir durch den Bauch des Berges. Dabei fühlen wir uns wie Forscher, wie Indiana Jones bei einer geheimnisvollen Mission in einer fernen Zivilisation.

Der Mont Vully am Murtensee im Kanton Fribourg ist nicht nur ein erstklassiges Wander- und Ausflugsgebiet, er wurde auch ins Bundesinventar der Landschaften und Naturdenkmäler von nationaler Bedeutung (BLN) aufgenommen.

Einst Inselberg

In der topfebenen Landschaft des Seelands erscheint der Berg als reizvoller Kontrast – hier die Gemüsefelder im Grossen Moos, dort das Relief des Mont Vully mit seinen Steilabstürzen, Sandsteinfelsen und Waldschluchten. Vor Jahrtausenden ragte der Berg wie ein riesiger Wal aus einem einzigen, zusammenhängenden Gewässer, welches sich übers gesamte Seeland erstreckte.

Unser Wandergebiet befindet sich am Nordufer des Murtensees. Wir fahren mit den SBB bis Murten und nach einem kurzen Bummel durch die historische Altstadt steigen wir ins Schiff nach Praz. Hier folgen wir dem Weinlehrpfad «Sentier viticole du Vully» bergauf und gelangen auf diesem Weg bis zu den Stollen von La Lamberta. Wer mit dem Auto anreist, nimmt die Autobahnausfahrt Murten der A1, folgt den Schildern nach Ins/Neuchâtel und zweigt bei Sugiez links ab. Von dort aus fahren wir nach Praz oder weiter über Lugnorre hinauf bis Sur le Mont. Bis zur Festung von La Lamberta steigen wir nur wenige Minuten den Berg hinunter.

Auf dem ersten Abschnitt unserer Wanderung steigen wir entlang der Weinreben auf. Schleckermäuler aufgepasst: Weintrauben sind sauer.

Nachdem wir den Mont Vully erreicht haben, gönnen wir uns bei der schönen Aussicht aufs umliegende Seeland eine Verschnaufpause.

In der Festung La Lamberta gehen wir auf Entdeckungstour. Versteckspielen ist bei den vielen unterirdischen Stollen kinderleicht.

Wo diese Treppe in die Unterwelt wohl hinführt? Manche unterirdischen Gänge sind in La Lamberta richtig unheimlich.

Geheimnisvolle Festung

Die Militäranlage ist überraschenderweise für jedermann und ohne Führung zugänglich – Voraussetzung für diesen Ausflug ist allerdings eine gut funktionierende Taschenlampe. Den Kindern gefällts, sie bewegen sich flink wie mit Katzenaugen durch die dunklen Stollen, verschwinden in einem Seitengang, erschrecken die Eltern. Am Boden liegt Sand, der in den letzten Jahren vom Gewölbe gerieselt ist. Sand-

Der eine oder andere Forscher mag froh sein, plötzlich wieder das Tageslicht zu entdecken.

stein stellen wir erstaunt fest und wundern uns darüber, wie diese Gänge einst von Soldaten ohne Sprengstoff aus dem Fels geschlagen wurden.

Das Infanterie-Werk La Lamberta ist eine Festung aus dem Ersten Weltkrieg, welche in den Jahren 1916–17 erbaut wurde. Damals war die gesamte Südflanke des Mont Vully unbewaldet. 110 Mann verschanzten sich mit Maschinengewehren in der Festung, um die sogenannte Seeachse zu verteidigen. Dort, wo sich heute Kinder tummeln, wurde einst der Ernstfall geprobt. «Nicht weiter sehen, als die Waffe wirken kann», lautete die Strategie.

Wander- und Entdeckerlust

Nach dem Besuch der Festung La Lamberta können wir zur gesamten dreistündigen Rundwanderung starten, welche zu verschiedenen historisch interessanten Stationen führt. Wir stimmen unsere Exkursion auf die Wander- und Entdeckerlust der Jungmannschaft ab. Der Rundgang erschliesst sieben weitere, allerdings weniger spektakuläre Waffenstellungen, Laufgräben und Unterstände und öffnet den Blick in die wechselvolle Landschaft des Seelands.

Ausserdem entdecken wir einen erratischen Block, Agassizstein genannt, sowie die Rekonstruktion eines helvetischen Schutzwalls aus der kriegerischen Zeit vor Christus.

Informationen

Wanderregion:
Mont Vully am Murtensee/Fribourg

Wanderzeit:
Je nach Besichtigungstour zwischen 2–4 h.

Karte:
Landeskarte 1 : 25 000, Blatt 1165 Murten.

Schwierigkeitsgrad:
Mittelschwer – steiler Aufstieg und teilweise rutschige Wege. Sehr lang, falls wir uns zur Rundwanderung entschliessen.

Kinderwagen/Rollstuhl:
Nicht geeignet.

Höhenmeter:
Von Praz bis La Lamberta ca. 100 m bergauf. Auf der Rundtour stetig auf und ab.

Wandersaison:
Die ideale Jahreszeit für einen Besuch des Mont Vully ist zwischen Frühjahr und Herbst.

Verkehrsmittel:
Auto oder Bahn und Schiff. Dieses verkehrt von Ende Mai bis Mitte September täglich auf dem Murtensee, in der übrigen Zeit nur am Wochenende oder auf Anfrage. Tel. 032 729 96 00, www.navig.ch.

Spannend für Kinder:
– Fahrt mit dem Schiff auf dem Murtensee
– Erkundung der Festung mit der Taschenlampe
– Ringmauer in Murten

Besonderes:
Wir sollten noch einen Stadtrundgang in Murten einplanen (ca. 1 h), denn mit den mittelalterlichen Wehrgängen auf der Ringmauer ist auch dieses Erlebnis für Kinder spannend.

Weitere Auskünfte:
Murten Tourismus
Franz. Kirchgasse 6
3280 Murten
Tel. 026 670 51 12
www.murtentourismus.ch

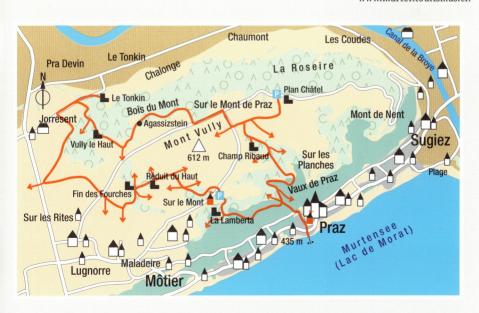

Schwarzsee

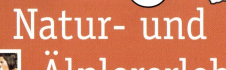

Natur- und Älplererlebnisse am bezaubernden Bergse

Jede Familie findet ihr Plätzchen – ob im Trubel der Badegäste oder idyllisch und friedlich am plätschernden Bergbach.

Der Schwarzsee im Fribourger Senseland ist ein kleines Sommerparadies mit vielen Freizeitmöglichkeiten. Umgeben von geheimnisvollen Urlandschaften, Schluchten und Wasserfällen, verspricht die Region ein grossartiges Naturerlebnis. Unser Ausflugsziel ist garantiert Familienspass mit Wandern, Baden, Kanu fahren, Spielen, Bräteln und Übernachtungsmöglichkeiten in der Alphütte.

Der Schwarzsee im Kanton Fribourg ist nicht nur ein malerischer Voralpensee, sondern auch eine Ferienregion, an der drei verschiedene politische Gemeinden teilhaben: Jaun, Charmey und Plaffeien. Je nach Lichteinfall schimmert der 500 m breite, 1500 m lange und 12 m tiefe See türkisblau bis schwarz.

Badehose mitnehmen!

In einer knappen Stunde bringt uns der rote Bus der TPF (Transports publics fribourgeois) vom Bahnhof Fribourg nach Gypsera am Nordufer des Schwarzsees. Hier gibt es auch einen grossen Parkplatz für alle, die nicht auf ihre vier Räder verzichten können. Nur wenige Schritte trennen uns von der Busstation und dem Ufer des bezaubernden Schwarzsees. An schönen Sommerwochenenden ist auch einiges los, denn unzählige Tagesausflügler aus Fribourg und Bern tum-

Ein Ausflugsziel für alle – auch Rollifahrer können selbst mit dem Elektrorollstuhl rund um den See fahren und die Landschaft geniessen.

meln sich am Wasser. «Badehose mitnehmen», heisst das oberste Gebot – eine solche Unterlassung würden uns unsere Kinder nie verzeihen... Nun stellt sich nur noch die Frage, wo wir uns ins kühlende Nass stürzen wollen. Gleich bei Gypsera, wo das sanfte Ufer zum Schwimmen einlädt, oder weiter hinten im Schatten spendenden Wald, wo auch zahlreiche Feuerstellen dazu einladen, die mitgebrachten Würste über die Glut zu halten? Wie wär's mit einer Rundwanderung um den See?
Im Schwarzsee-Bad erwarten uns nämlich weitere Attraktionen wie Minigolf oder der Bootshafen mit Kanuverleih. Der 4 km lange Rundweg um den See wird garantiert keinem Familienmitglied langweilig.

Hexennächte

Doch halt, der Schwarzsee bietet noch viel mehr als nur ein Rundweg und Bade-

möglichkeiten, schliesslich hat die Region vom Schweizer Tourismus-Verband (STV) das Gütesiegel «Familien willkommen» erhalten. So können wir zum Beispiel mit der Sesselbahn von Gypsera auf die Riggisalp fahren und anschliessend mit dem Monstertrotti ins Tal hinunterbrausen. Die rund 25-minütige Abfahrt auf dem 4 km langen Kiesweg ist eine besondere Gaudi für die ganze Familie. Wer es lieber etwas abenteuerlicher mag, kann von der Riggisalp zu einer zweitägigen Tour in die Urlandschaft Brecca aufbrechen und auf der Alphütte übernachten, Waschen am Brunnen und Plumpsklo inklusive! Nebst Kinder- und Naturspielplätzen rund um den See und auf der Riggisalp wird für die Kids auch einiges organisiert, zum Beispiel Kinderkletterkurse an der Kletterwand in der Rohrmatte oder ein Besuch auf dem Bauernhof bei der Familie Ulrich. Ein richtiger Renner sind die Hexennächte am Schwarz-

Der Bootshafen bei Schwarzsee-Bad ist ein beliebter Treffpunkt für Wassersportfans.

Freizeitspass am Schwarzsee mit Piratenschiff Wandererlebnissen und Begegnungen mit Tieren.

see. Abends an einem lodernden Lagerfeuer im Wald sitzen und gespannt den Geschichten der Ankenhexe zuhören – ein unvergessliches Abenteuer für die Kleinen! Schon etwas älter? Dann wäre wohl eher die Kinderdisco das Richtige? Freitags öffnet das legendäre Dancing Bädli jeweils den Kids die Türen – eine grosse Party für die Jungmannschaft!

Informationen

Wanderregion:
Schwarzsee/Fribourg

Wanderzeit:
Rund um den See ohne Pausen ca. 1 h 15 min. Bei der Zweitagestour Urlandschaft Brecca wandern wir täglich 3–4 h.

Karte:
Landeskarte 1:25000, Blatt 1226 Boltigen.

Schwierigkeitsgrad:
Die Wanderung rund um den See ist leicht, bei der Urlandschaft Brecca gehts über Bergwege, und die Tour wird auch wegen des Höhenunterschieds als mittelschwer eingestuft.

Kinderwagen/Rollstuhl:
Problemlos rund um den See sowohl mit dem Rollstuhl wie auch mit dem Kinderwagen möglich.

Höhenmeter:
Seeweg praktisch eben (ca. 30 Höhenmeter bei der Seeweid). Bei der Urlandschaft Brecca gehts 453 m bergauf und 880 m bergab.

Wandersaison:
Baden im Schwarzsee ist von Juni bis September möglich, in dieser Zeit fährt auch die Sesselbahn auf die Riggisalp.

Verkehrsmittel:
TPF-Bus Fribourg–Schwarzsee und Sesselbahn Schwarzsee–Riggisalp.

Spannend für Kinder:
– Baden und Spielen im und am Schwarzsee
– Kanu mieten
– Hexennächte
– Kinderdisco
– Schlafen in der Alphütte mit Waschen am Brunnen

Besonderes:
Das Dancing Bädli wird jeweils mittwochs in ein cooles Kinderkino umfunktioniert. Damit die Aufführung zum vollen Erfolg wird, können die Kids bei der Filmwahl mitbestimmen.

Weitere Auskünfte:
Schwarzsee Tourismus
Hauptstrasse 522
1716 Schwarzsee
Tel. 026 412 13 13
www.schwarzsee.ch

Lenk

Wir folgen dem Holzwegweiser mit dem geschnitzten Murmeltier.

Schon nach kurzer Wanderzeit gelangen wir zum ersten Posten, wo wir allerlei Wissenswertes rund um die Murmeltiere erfahren.

Berner Oberlände Wanderweg mit Pfiff

Der Pfiff eines Murmeltiers gehört schon fast zu jeder Bergwanderung. Die pelzigen Gesellen zeigen sich jedoch nicht auf dem Präsentierteller, sodass man schon etwas Geduld und ein gutes Fernglas mitbringen muss, um mehr über das Leben der «Murmelis» zu erfahren. Eine Wanderung im Berner Oberland, die viel Spass für die ganze Familie verspricht.

Auf dem Betelberg im Berner Oberländer Ferienort Lenk wurde vor einigen Jahren der Murmeli-Trail eröffnet, auf dem unsere Kids auch ohne Tierbegegnungen voll auf ihre Kosten kommen und dabei erst noch etwas lernen.

Von der Murmeli-Höhle zum Wackel-Steg

Wer mit der Bahn von Bern über Spiez und Zweisimmen anreist, spaziert in rund zehn Minuten vom Bahnhof zur Talstation der Betelberg-Gondelbahn. Leise schwebt die Kabine an den Baumkronen vorbei, zunächst zur Mittelstation Stoss, anschliessend über saftig grüne Alpweiden bis zur Bergstation Leiterli auf dem Betelberg. Hier beginnt unsere Wanderung.
Zunächst gehen wir ein kleines Stück parallel zur Gondelbahn, zweigen nach wenigen Schritten rechts ab, unterqueren das Gondelbahn-Trassee und errei-

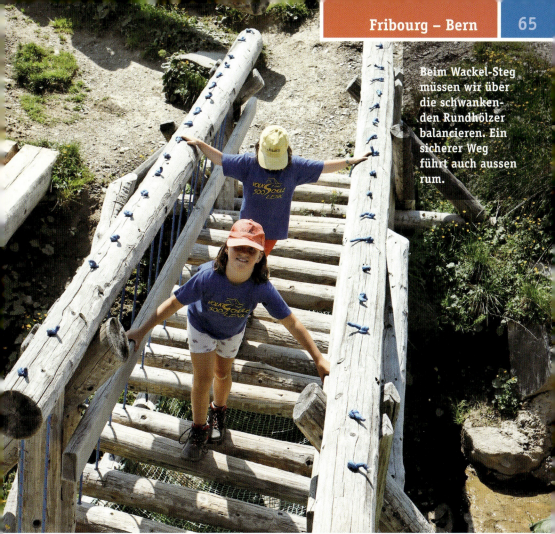

Beim Wackel-Steg müssen wir über die schwankenden Rundhölzer balancieren. Ein sicherer Weg führt auch aussen rum.

chen schon bald den ersten Höhepunkt: die Murmeli-Höhle zum Spielen. Hier können unsere Kids einen (fast) schon echten Murmeltierbau mit Fluchtröhre erkunden. Oberhalb der Murmeli-Höhle leben echte Murmeltiere. Besonders am frühen Morgen, wenn es auf dem Betelberg noch nicht so betriebsam zu- und hergeht, hat man durchaus Chancen, die Tiere beim Spielen zu beobachten. Wer keinen echten Murmeltieren begegnet, muss nicht enttäuscht sein. Bei den Infotafeln erfahren wir viel Interessantes über das Murmeli-Leben.

In einer Höhle, die nur für Kinder zugänglich ist, werden junge Murmeltiere entdeckt.

Auf dem Betelberg, oberhalb des Dufti-Seelis und bei der Mittelstation können wir uns auf der Sonnenterrasse des Bergrestaurants erfrischen.

Die weiteren Attraktionen lassen nicht lange auf sich warten, zum Beispiel diese Mini-Tyrolien, eine Seilbahn für Kinder, beim Dufti-Seeli.

Das Dufti-Seeli duftet weder gut noch schlecht – dafür spiegeln sich bei völliger Windstille die vergletscherten Gipfel der Berge im Wasser.

Murmeltiere sind fröhliche Spieler. Wandern also auch wir spielend weiter zum Wackel-Steg. Hier müssen wir über die Brücke mit beweglichen Rundhölzern balancieren, eine etwas knifflige Passage. Aber keine Sorge: Wer nicht mag, kann den Wackel-Steg problemlos umgehen.

Feuerstelle am Dufti-Seeli

Unterwegs bei der Murmeli-Waage können wir unser Gewicht mit der erforderlichen Anzahl «Murmelis» aufwiegen lassen. Der Weg führt nun auf einer sanft abfallenden Naturstrasse am Bergrestaurant Betelberg vorbei zum idyllischen Dufti-Seeli. Die letzten Meter vor dem Bergsee können unsere Kids per Spielseilbahn zurücklegen. Wer sich gerne aus dem eigenen Rucksack ver-

pflegt, findet beim Dufti-Seeli oder am Ende des Trails beim Labyrinth eine Feuerstelle.

Der Trail ist auch für geländetaugliche Kinderwagen geeignet. Die nächste, etwas steilere Passage kann deshalb mit dem Kinderwagen grossräumig umfahren werden. Rechtzeitig bei der pfiffigen Klangtreppe führen die beiden Wege wieder zusammen. Natürlich ist die Klangtreppe ein freiwilliger Spielposten, über den wir nicht mit dem Kinderwagen holpern müssen. Das Kletter-Murmeli und das Labyrinth sind die letzten Spielstationen des Trails, am Ende darf also noch einmal geklettert und balanciert werden. Mit der Gondelbahn fahren wir schliesslich von der Mittelstation Stoss wieder nach Lenk hinunter.

Und doch duftet es am Dufti-Seeli, und zwar von der Feuerstelle her nach knusprigen Cervolas und Bratwürsten.

Der Luchs-Trail am nächsten Morgen

Weil Lenk für die meisten Wanderer nicht gleich vor der Haustür, sondern zuhinterst im Berner Oberländer Simmental liegt, lohnt es sich, hier zu übernachten. Der Ferienort bietet zahlreiche familienfreundliche Unterkünfte – vom Campingplatz bis zum Dreisterne-Hotel (Hotel Krone) mit Spielraum, Kindereisenbahn und Streichelzoo. Am nächsten Morgen brechen wir

gleich nochmals zum Leiterli auf dem Betelberg auf. Diesmal steht der Luchs-Trail auf dem Programm, der auf der Nordseite des Berghangs zur Wallegg hinunterführt. Wir folgen den Luchs- oder Fuchsspuren. Wo verstecken sich wohl die Tiere? In der Umgebung der Tafeln sind lebensgrosse Attrappen des Luchses, aber auch seiner Beutetiere wie Rehe und Gämsen platziert. Da der Luchs ein scheues und selten gesichtetes Tier ist, darf man den Luchs-Trail nicht mit der Erwartung in Angriff nehmen, man treffe hier auf echte Luchse. Auch drei Spielstationen aus Rundholz sind entlang des Trails aufgebaut worden. Wie weit können wir aus dem Stand in die Sägemehlgrube springen? Der Luchs schafft über 5 m!

Weil seit der Sommersaison 2007 der Ortsbus nicht mehr vom Restaurant Wallegg ins Dorf hinunter fährt, müssen wir die Strecke (ca. 30 Minuten) zu Fuss bewältigen. Sie ist jedoch nicht besonders anstrengend.

Informationen

Wanderregion:
Lenk/Simmental im Berner Oberland

Wanderzeit:
1 h 30 min für den Murmeli-Trail, 2 h 30 min für den Luchs-Trail (Pausen und Spielstationen nicht eingerechnet).

Karte:
Landeskarte 1 : 25 000, Blatt 1266 Lenk.

Schwierigkeitsgrad:
Leicht – schön angelegter und aussichtsreicher Spazierweg über der Waldgrenze.

Kinderwagen/Rollstuhl:
Mit geländegängigem Buggy ist der Murmeli-Trail gut machbar. Rollstuhl nicht möglich.

Höhenmeter:
309 m bergab beim Murmeli-Trail,
850 m bergab beim Luchs-Trail.

Wandersaison:
Ende Mai bis Mitte Oktober.

Verkehrsmittel:
BLS-Lötschbergbahn Spiez–Zweisimmen, Montreux-Oberland-Bernois (MOB), Zweisimmen–Lenk, Gondelbahn Lenk–Betelberg.

Spannend für Kinder:
- zahlreiche Spielstationen unterwegs
- Bräteln am Dufti-Seeli
- zum Abschluss Kindereisenbahn auf dem Kronenplatz

Besonderes:
Die Wallbachbadi, ein 50-Meter-Freibad und ein 25-Meter-Hallenbad, bietet Badespass vor der Kulisse des mächtigen Wildstrubelmassivs. Auch ein Beachvolleyballfeld ist vorhanden.

Weitere Auskünfte:
Lenk Bergbahnen
Kronenplatz 7
3775 Lenk
Tel. 033 736 30 30
www.lenkbergbahnen.ch

Diemtigal

Fliegende Hexen und Tränen im Brunnen

Auftakt unserer Wanderung auf einem breiten Feldweg.

Schon nach wenigen Schritten erreichen wir die erste Spielstation. Wer deckt beim Memory die richtigen beiden Bilder auf?

Kinder lieben das Wandern, doch nur, wenn sie unterwegs spielen, etwas erleben und von der Natur lernen können. Und natürlich nur mit einem anständigen Picknick am Lagerfeuer. Stumpfsinniges und stundenlanges Bergaufwandern hat schon manche Familienkrise am Sonntag verursacht. Ganz anders im Diemtigtal: Obwohl es steil bergauf geht, laufen die Kinder voller Eifer voraus.

Das Rezept: Man nehme eine Hexe und einen Zwerg, mische alles mit viel Natur und einer spannenden Geschichte – daraus wird ein Märlibuch und ein Erlebnisweg, und fertig ist das Geheimnis für einen gelungenen Sonntag. Man wird garantiert kein Jammern der Kleinen hören. Der Grimmimutz, das knorrige Männlein, ist zwar selten zu sehen, doch seine Spuren sind überall zu finden.

Auf die Grimmialp, den Ausgangspunkt des Erlebnisweges, gelangen wir von Spiez aus mit dem Regionalzug in Richtung Zweisimmen. In Oey-Diemtigen steigen wir ins Postauto um und fahren bis zur Endstation beim Hotel Spillgerten. Die Autofahrer benutzen die gleiche Route, nur können sie noch 200 m weiter bis zum gebührenfreien Parkplatz fahren.

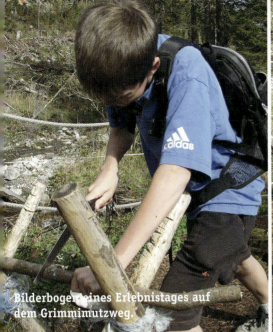

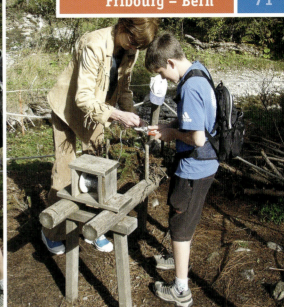

Bilderbogen eines Erlebnistages auf dem Grimmimutzweg.

Wedelbock und Hexenflug

Hier gehts richtig los; wir folgen den hölzernen Grimmimutz-Wegweisern, zunächst auf Hartbelag, nach wenigen Schritten biegen wir aber links ab und kommen zur ersten Spielstation mit Memory. Hier testen die Kinder ihre Erinnerungsfähigkeiten mit Bildern aus dem Märlibuch. Bei der nahe gelegenen Brätlistelle kann zugleich das Znüni eingenommen werden. Beim Wedelbock, der nächsten Station, suchen sich die Kinder dürre Äste und Tannenzweige. Diese werden zu einer «Wedele» für das spätere Grillfeuer zusammengebunden. Kurz darauf überqueren wir den Senggibach, wo wir ermuntert werden, im glasklaren Bächlein die Forellen zu beobachten. Wenige Schritte weiter taleinwärts lässt sich auf einer Seilbahn der Hexenflug ausprobieren. Nach so viel Spiel und Spass meldet sich bereits wieder der Hunger. Da kommt die Brätlistelle Würzi am Senggibach gerade richtig. Während die mitgebrachten Würste auf dem Grill brutzeln, lohnt sich vielleicht die Suche nach dem Mutz. Die Brücke über den

Bach wurde übrigens von Jungs der Pfadi erstellt. Die kleine Mittagspause ist willkommen, sodass sich die kleinen Rabauken für die bevorstehenden Abenteuer auf dem Grimmimutzweg stärken können.

Eine fetzige Wasserschlacht

Jetzt folgt im Zickzackkurs der steile Aufstieg. Zwischendurch kann man im Blockhaus Mutzenstube verschnaufen. Meistens liegen hier Papier und Stifte bereit, das Ausmalen des Bilderbogens lohnt sich

Die Abenteuer des Grimmimutz-Zwerges, des gutmütigen, kauzigen Waldmandlis, kann in drei Bilderbuch-Bänden nachgelesen werden.

Bei so vielen Zwergenabenteuern und Spielstationen wird gern die Landschaft im hinteren Diemtigtal übersehen – es lohnt sich, auch einmal stehen zu bleiben!

garantiert! Weitere kleine Pausen (wohl eher für die inzwischen müden Eltern) gibts direkt am Weg. Dort lassen sich Hexen entzaubern – oder wer wirft am besten mit Tannenzapfen? Schliesslich wird der Brunnen unterhalb der Türlihütte erreicht. An diesem Brunnen lassen sich Spillgerts (ein Held aus dem Märlibuch) Tränen trinken oder eine fetzige Wasserschlacht veranstalten. Wir überqueren einen namenlosen Seitenbach, kommen zur Kletterwand – und es bleibt der Abstieg zurück ins Tal. Wer Lust auf das Märlibuch bekommen hat, kann dies im Hotel Spillgerten oder auf dem Rückweg im Tourismusbüro Oey-Diemtigen kaufen. Eigentlich schade, dass unsere Wanderung schon zu Ende ist, hören wir zu unserer Freude von der Jungmannschaft.

Informationen

Wanderregion:
Diemtigtal/Berner Oberland

Wanderzeit:
Rund 1 h 30 min Wanderzeit, inklusive Spielen und Picknick sollten wir 1 h 30 min – 3 h einrechnen.

Karte:
Landeskarte 1:25 000, Blatt 1247 Adelboden.

Schwierigkeitsgrad:
Leichte Wanderung – das Auf und Ab wird wegen der zahlreichen Attraktionen kaum wahrgenommen.

Kinderwagen/Rollstuhl:
Nicht möglich, teilweise Bergweg.

Höhenmeter:
171 m bergauf und bergab.

Wandersaison:
Die Wanderung ist von ca. Mitte Mai bis Ende Oktober möglich.

Verkehrsmittel:
Regionalzug BLS-Lötschbergbahn Spiez–Oey–Diemtigen, Postauto Oey-Diemtigen–Grimmialp.

Spannend für Kinder:
– Grimmimutz-Erlebnisweg mit vielen Spielstationen
– Abenteuer im Wald
– Bräteln
– Bilderbuch mit der Hintergrundgeschichte

Besonderes:
Wer einen weiteren Tag im Diemtigtal verbringen will, kann sich mit Paul Neukomm (Tel. 033 681 27 25) auf eine Wildbeobachtungstour begeben. Er weiss, wo sich die einheimischen Tiere aufhalten (nur für ausdauernde Wanderer).

Weitere Auskünfte:
Diemtigtal Tourismus
3753 Oey
Tel. 033 681 26 06
www.diemtigtal-tourismus.ch

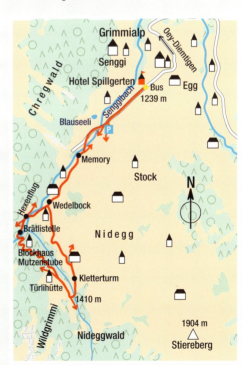

Beatenbucht

Höhlen und Drachen am Oberländer Pilgerweg

Erste Station unseres Ausflugs und Ausgangspunkt unserer Wanderung ist Neuhaus am Thunersee.

Auf dem Pilgerweg marschieren wir zügig in Richtung Westen.

Das romantische, sagenumwobene Gebiet am oberen Thunersee wird zwischen Neuhaus und Beatenbucht vom sogenannten Pilgerweg erschlossen. Höhepunkte dieser Tour sind die herrlichen Ausblicke hoch über dem See, ein Besuch in der Beatushöhle, ein unheimlich tiefer Steinbruch und eine entspannende Fahrt mit dem Schiff auf dem Thunersee.

Wir starten zu unserer Wanderung bei der Schifflände von Neuhaus am Thunersee, die wir nach einer kurzen, aber genüsslichen Seefahrt von Interlaken West aus erreichen. Doch aufgepasst: Nicht jedes Kursschiff hält in Neuhaus!

Unterirdische Tropfstein-Wunderwelt

Wir gehen über den Parkplatz und unterqueren die Hauptstrasse. Nachdem wir den Campingplatz hinter uns gelassen haben, erreichen wir den Wanderweg. Von hier aus könnten wir zunächst einen Abstecher zum Minigolf unternehmen, das praktisch an unserem Weg liegt. Wir entscheiden uns, die Wanderung fortzusetzen und steigen durch den Dälebodenwald 40 m bergauf. Die Föhren hoch über dem Ufer des Thunersees erinnern an südlichere Gefilde mit Pinien über der Küste. Der Weg führt zurück auf die Strasse, der wir ein kurzes Stück auf dem Trottoir folgen.

Der Wanderweg führt hoch über dem Thunersee durch lichten Föhrenwald. Im Wasser unter uns entdecken wir mehrere, an Boyen vertäute Segelboote.

Unterhalb der Beatushöhlen
unterqueren wir einen eindrucksvollen Wasserfall –
den ersten Höhepunkt
unserer Wanderung.

Die Erkundung der Beatushöhlen dürfen
wir uns nicht entgehen lassen.

Auf 722 m ü. M. erreichen wir den höchsten
Punkt unserer Wanderung.

Doch schon bald zweigt ein Naturpfad links ab und wir überqueren das Wildbachdelta von Sundlauenen. Ein kurzes Stück gehen wir direkt am See bis zur Schiffsstation, hinterher folgt ein kleiner Aufstieg über einen Zickzackweg bis zur Strasse. Diese überqueren wir vorsichtig, denn vor allem am Wochenende brausen viele Motorräder mit oft überhöhter Geschwindigkeit um die Kurven. Zum Glück findet unser Wanderweg auf der anderen Seite der Strasse eine Fortsetzung. Es geht weiter leicht bergauf über einen bizarren Felsenweg der Gsteigleflue entlang bis zu den Beatushöhlen. Die unterirdische Tropfstein-Wunderwelt gehört zu den eindrucksvollsten Naturdenkmälern der Schweiz. Besucher können das gigantische Höhlensystem auf einer Länge von etwa 1000 m in geführten Gruppen erkunden.

Unheimliche Maschinengeräusche

Der fromme Beatus soll nicht nur das Christentum ins Berner Oberland gebracht, sondern auch einen bösartigen Drachen besiegt haben. Der Pilgerweg führt weiter durch den Wald bis nach Balmholz, wo ein weiterer, kaum spürbarer Aufstieg notwendig wird. Der Weg steigt über einem Steinbruch an, der so tief ist, dass man nicht einmal den Boden erkennt. Aus der Tiefe erklingen unheimliche Geräusche von Maschinen. Seit 1876 wird im Steinbruch Balmholz gearbeitet, heute beschäftigt die Firma 31 Mitarbeiter. Der Abbau erfolgt durch Sprengungen. Die grösseren Blöcke des herabgestürzten Materials werden für Uferverbauungen und Böschungen verwendet. Der Rest wird zu Hartschotter verarbeitet. In das rund 300 m breite und bis zu 130 m tiefe Kesselloch gelangt man nur durch einen Tunnel.

Nachdem wir den höchsten Aussichtspunkt unserer Wanderung auf 722 m ü. M. erreicht haben, lohnt es sich, auf den schön gelegenen Ruhebänken einige Augenblicke Pause zu machen und das herrliche Panorama über den Thunersee zu geniessen.

In Beatenbucht warten wir auf die Ankunft des nächsten Schiffes.

Die Plätze im Bug des Schiffes sind während heissen Sommertagen sehr beliebt.

Von hier aus führt unser Pfad nur noch abwärts durch den Wald. Kurz vor der Standseilbahn von Beatenbucht nach Beatenberg zweigen wir vom Weg links ab und steigen über den Bauernhof Nase direkt zum Parkhaus Beatenbucht ab, überqueren nochmals vorsichtig die Strasse und erreichen die Schiffsstation.

Eine Schiffsfahrt zum Abschluss

Bis zur Ankunft des nächsten Schiffes können wir es uns im Seebeizli gemütlich machen oder an der Kasse der Beatenbergbahn ein Eis am Stil kaufen. Es bleibt die Weiterfahrt mit dem Schiff nach Thun oder zurück nach Interlaken West. Wenn wir

Glück haben, kommt der alte Raddampfer «Blümlisalp» oder das moderne Passagierschiff «Berner Oberland». Die Seereise führt kreuz und quer über das Wasser, bis das Schiff rückwärts durch die Kanäle nach Interlaken West oder Thun einfährt.

Grund für dieses eigenartige Manöver ist, dass die Schiffe im engen Kanal nicht wenden können. Dafür befinden sich die Bahnhöfe an beiden Orten nur gerade einen Steinwurf von der Schifflände entfernt.

Informationen

Wanderregion:
Oberer Thunersee/Berner Oberland

Wanderzeit:
2 h (Pausen, Schiffsfahrt und Besuch der Beatushöhlen nicht eingerechnet).

Karte:
Landeskarte 1:25 000, Blatt 1208 Beatenberg.

Schwierigkeitsgrad:
Mittelschwer – etwas anstrengend, weil der Weg mehrmals rauf- und runterführt.

Kinderwagen/Rollstuhl:
Nicht möglich.

Höhenmeter:
255 m bergauf und bergab.

Wandersaison:
Von ca. Mitte April bis Mitte Oktober, wenn die Schiffe fahren.

Verkehrsmittel:
Intercity Bern–Thun–Interlaken, Schiff auf dem Thunersee.

Spannend für Kinder:
– Minigolf in Neuhaus
– Badebucht in Sundlauenen
– Beatushöhlen
– evtl. Fahrt mit einem alten Raddampfer

Besonderes:
Die Beatushöhlen sind von ca. Mitte März bis Mitte Oktober geöffnet. Ein Besuch ist nur mit einer Führung möglich, diese finden täglich von 10.30 bis 17.00 Uhr, ca. alle 30 Minuten, statt. Die Führung dauert rund eine Stunde. Informationen über Tel. 033 841 16 43 oder im Internet unter www.beatushoehlen.ch.

Weitere Auskünfte:
Thunersee Tourismus
Bahnhof
3600 Thun
Tel. 0842 842 111
www.thunersee.ch

Gelmersee

Ein 106-prozentiges Abenteuer am Grimsel-Fjord

Nichts für schwache Nerven: Die rote Gelmerbahn mit ihren offenen Sitzbänken klettert fast vertikal die Felswand hinauf.

Nirgendwo in der Schweiz gibt es eine steilere Schienenbahn als im oberen Haslital. Nur ganz Mutige und Schwindelfreie steigen in den offenen roten Wagen. Zur Sicherheit klemmt ein Bügel die Fahrgäste an der Sitzbank fest, und schon kann es losgehen. Das Fahrzeug neigt sich mit jedem Meter mehr in die Vertikale, bis wir das Gefühl haben, aus der Bank zu fallen. Zum Glück arretiert uns der Bügel.

Unseren Blick nach unten zum Abgrund gerichtet, klettert der Wagen der Gelmerbahn die Felswand hinauf, der eine oder andere schliesst dabei die Augen. Das Bähnchen überwindet eine Steigung von bis zu 106 %. Auf ein Blatt Papier aufgetragen (verbinden Sie eine horizontale Linie von 100 mm und eine vertikale Linie von 106 mm mit einer Diagonalen), wirkt das Gefälle gar nicht einmal so steil. Wem dies zu wenig Respekt einflösst, sollte ganz unten im roten Wägelchen Platz nehmen. Dort wird er sein blaues Wunder erleben …

Nur für Schwindelfreie

Zur Talstation der Gelmerbahn gelangen wir von Meiringen über Innertkirchen und die Grimsel-Passstrasse. Kurz vor Handegg biegen wir links ab und stellen unser Auto auf dem Parkplatz im Wald ab.

Bei der Bergstation angekommen, erwartet uns eine faszinierende Berglandschaft mit einem See, der an einen norwegischen Fjord erinnert.

Auch das Postauto, das allerdings nicht sehr häufig am Tag fährt, hält in Handegg. Die atemberaubende Fahrt mit der Gelmerbahn – der offene Wagen mit seinen Bügeln erinnert an eine Achterbahn – erspart uns einen schweisstreibenden Aufstieg. Oben angekommen, spazieren wir die wenigen Meter bis zum Stausee. Der anschliessende Rundweg um den Gelmersee nimmt gut eineinhalb Stunden in Anspruch. Dabei sollten wir nicht zu Schwindel neigen, die Kinder gut im Griff haben, feste Bergschuhe anziehen und nach Möglichkeit einen Stock dabeihaben. Der Weg ist wunderschön, fast fühlen wir uns an einen norwegischen

Fjord versetzt, allerdings ist er stellenweise recht schmal und exponiert. An die Felsen gespannte Drahtseile sichern die Wanderer, im Tellti gehts von Stein zu Stein über einen Bach. Über so viel Action freuen sich vor allem Kinder im Alter zwischen 8 und 14 Jahren.

Steil bergab nach Kunzentännlen

Nachdem wir den See umrundet haben, können wir in wenigen Minuten über die Staumauer zurück zur Bergstation der Gelmerbahn spazieren (verkürzt die Wanderzeit um 1 h 30 min), oder wir entscheiden

Die Felswände sind so glatt geschliffen wie kaum anderswo. Dieses Werk haben die Gletscher der letzten Eiszeit vollbracht.

uns für den Abstieg nach Kunzentännlen. Auf diesem Weg, der in rund 40 Minuten über Steinplatten stellenweise recht steil bergab führt, haben wir freie Sicht zur Grimsel. Mitten im Tal liegt der grosse Räterichsbodensee, darunter das Stollenportal Gerstenegg, von wo aus man durch einen 3 km langen Tunnel in ein geheimnisvolles unterirdisches Kavernenkraftwerk gelangt.

Kurz vor Kunzentännlen erreichen wir das in einer Mulde gelegene und von einem Hochmoor umgebene Stockseeli – ein schöner Ort für eine Rast. Anschliessend entscheiden wir uns, ob wir von Kunzentännlen mit dem Postauto nach Handegg zurückfahren (verkürzt die Wanderzeit um rund 50 Minuten) oder ob wir auf dem Grims-Kristallweg über Stäfelti und Säumerstein nach Handegg wandern. Dieser Weg bietet einzigartige Naturerlebnisse und viel Wissenswertes über Kristalle. Von Handegg treten wir die Rückreise an.

Von nationaler Bedeutung

Seit die ersten Touristen, damals noch Weltenbummler und berühmte Künstler auf Wanderschaft, im 19. Jahrhundert das Grimselgebiet entdeckt haben, wurde die Landschaft mit ihren tief eingeschnittenen Tälern und weitgehend unberührten Hochalpen als einzigartig angepriesen. Aus diesem Grund fand das Grimselgebiet mit den Berner Alpen auch Eingang ins Bundesinventar der Landschaften und Naturdenk-

Nur für Schwindelfreie! Der Weg ist zwar mit Drahtseilen gesichert, trotzdem ist diese Schlüsselstelle nicht jedermanns Sache.

Mit diesem Wasserfall erwartet uns ein einzigartiges Naturschauspiel.

mäler von nationaler Bedeutung (BLN). Teil des Schutzkonzeptes sind auch die Anlagen der Wasserkraftwerke Oberhasli (KWO), die in den Jahren 1926–54 gebaut wurden und heute als Erzeuger erneuerbarer und umweltschonender Energie einen hohen Stellenwert besitzen. Das Wasserreich hat sich heute neben der Stromproduktion ganz den Besuchern verschrieben. Nebst dem Besucherzentrum auf dem Grimsel-Hospiz (von Juni bis Oktober frei zugänglich) gibt es eine Reihe von wohl einmaligen Attraktionen. Zum Beispiel die märchenhafte Kristallkluft, die man nur über eine längere Fahrt durch einen dunklen KWO-Stollen erreicht.

Auch Bergsteiger sind auf unserem Pfad unterwegs. Ihr Ziel ist die Gelmerhütte auf 2412 m ü. M., 600 m höher als der See.

Der Abstieg vom Gelmersee über das Stockseeli nach Kunzentännlen ist zwar steil, aber mit griffigen Schuhen gut machbar.

Informationen

Wanderregion:
Grimselgebiet/Berner Oberland

Wanderzeit:
3 h (mehrere Abkürzungsmöglichkeiten).

Karte:
Landeskarte 1:25000, Blatt 1230 Guttannen.

Schwierigkeitsgrad:
Anspruchsvoll – der Weg ist schmal und abschüssig.

Kinderwagen/Rollstuhl:
Nicht möglich.

Höhenmeter:
80 m bergauf, 515 m bergab.

Wandersaison:
Von ca. Juni bis Oktober, wenn die Gelmerbahn fährt.

Verkehrsmittel:
Zentralbahn Interlaken Ost–Meiringen, Meiringen–Innertkirchen-Bahn, Postauto und Gelmer-Standseilbahn.

Spannend für Kinder:
- Adrenalinkick auf der Gelmerbahn
- abenteuerlicher Weg rund um den Gelmersee
- Überqueren eines Baches ohne Brücke
- Grims-Kristallweg

Besonderes:
Der exponierte Weg rund um den Gelmersee eignet sich nur für grössere Kinder ab ca. acht Jahren. Wir müssen schwindelfrei sein und dürfen diese abenteuerliche Wanderung nur mit griffigen Bergschuhen

unternehmen. Im Zweifel, z. B. bei Schneefeldern, unbedingt umkehren!

Weitere Auskünfte:
KWO-Besucherdienst
Grimselstrasse
3862 Innertkirchen
Tel. 033 982 26 26
www.grimselwelt.ch

Bannalp

Das Geheimnis des funkelnden Stein

Verirren können wir uns nicht – das Wandergebiet ist gut markiert, und die Wege sind hervorragend unterhalten.

Die kleinen Zwerglis, hier einer aus einem Wurzelstock, sind allgegenwärtig. Wieviele haben wir schon wieder gezählt?

Die beiden kleinen Luftseilbahnen, die sich von Oberrickenbach zur Bannalp hinaufschwingen, verfügen über viel Kapital, das man allerdings nicht mit Schweizer Franken oder einer anderen Währung übernehmen kann – nämlich eine intakte Bergnatur mit einem traumhaft schönen See, der von steil aufragenden Felswänden umrahmt wird.

Weil sich Kinder von der schönen Natur allein nicht begeistern lassen, wurde der «Zwärgliweg Bannalp» eröffnet, der samt Bilderbuch und CD die Geschichte von vier kleinen Bergzwerglis erzählt.

Ein Kinderwanderweg mit sieben Stationen

Wir erreichen unser Ausflugsziel von Luzern aus mit der Zentralbahn. In Wolfenschiessen steigen wir ins Postauto um, das uns nach Oberrickenbach bringt. Die Endstation befindet sich direkt bei der grösseren der beiden Luftseilbahnen. Mit dem blauen Bähnchen fahren wir hinauf zur Chrüzhütte, wo unsere Wanderung rund um den Bannalpsee beginnt.
Gleich hinter der Bergstation sehen wir ein Hüttli, an welchem ein grosses Zwergenbild angebracht wurde. Es lässt keine Zweifel offen, wo unser Weg langführt. Wir öffnen die bunt bemalte Zauntür und spazieren auf einem schmalen Bergweg talwärts. Der Zwärgliweg Bannalp ist ein Kinderwanderweg mit sieben Stationen. Bei jedem Posten gibt es etwas zu entdecken. Auf Infotafeln wird die Geschichte vom

In sanften Pastelltönen spiegelt sich der spitzige Bietstöck im ruhigen Wasser des Bannalpsees.

funkelnden Stein erzählt. Diese wurde von der Gesamtschule Oberrickenbach realisiert und ist der Region Bannalp für den Zwärgliweg gratis zur Verfügung gestellt worden.

Durch die Tannenwipfel entdecken wir den smaragdgrünen Bannalpsee. Das Interesse der Kids fokussiert sich wohl eher auf die Zwerge. Unterwegs gibts nämlich zwei Hütten zu bestaunen: eine kleine mit einer hübsch eingerichteten Zwergenstube

und eine grosse zum Hineingehen und Spielen.

Feuerstellen mit Spielattraktionen

Wir wandern am romantischen Bergkirchli vorbei und kommen zu einer Wegverzweigung. Hier nehmen wir den Rundweg und zweigen links ab. Auf dem breiteren Wanderweg gehen wir bis zur nächsten Zwergenhütte. Wenige Schritte weiter weist uns ein

Ob wandern, Picknick am See oder Zwergenfoto – der Tag gelingt bestimmt.

Die Fahrt in der kleinen Luftseilbahn, die über Felswände schwebt, ist ein richtiges kleines Abenteuer.

Zwergenschild den Berg hinunter zum See, wo sich mehrere Familienfeuerstellen mit verschiedenen Spielattraktionen für Kinder befinden. An schönen Sonntagen ist hier ziemlich viel los, was beweist, dass der Zwergenweg bereits grosse Beachtung gefunden hat. Wir überqueren den Bannalpbach auf einer Brücke und wandern am anderen Seeufer bis Plänggeli. Hier ist der Kinderwanderweg zu Ende. Wir können uns in der Zwergenhöhle mit den vier Zwergen fotografieren lassen, bevor wir hinunter zum Staudamm gehen und diesen überqueren. Bei dieser Gelegenheit lohnt es sich, einen Moment stehen zu bleiben und die grandiose Bergwelt zu bewundern. Wir befinden uns in einem urtümlichen Tal mitten im Kanton Nidwalden. Hier scheint die Welt noch in Ordnung zu sein: Kühe, Sennen, saftig grüne Wiesen, hoch aufragende Gipfel. Es fehlen nur noch einige Alphornbläser. So stellt man sich gemeinhin das Klischee der Urschweiz vor. Auf der anderen Seite des Staudamms wenden wir uns entweder rechts zum Berggasthaus Bannalpsee oder links zur kleinen roten Luftseilbahn. Mit dieser fahren wir schliesslich hinunter nach Oberrickenbach, wo wir unsere Runde schliessen.

Informationen

Wanderregion:
Zentralschweiz/Nidwalden

Wanderzeit:
1 h (ohne Pausen).

Karte:
Landeskarte 1:25 000, Blatt 1191 Engelberg.

Schwierigkeitsgrad:
Leicht – auf aussichtsreich angelegten Bergwegen hinunter zum See.

Kinderwagen/Rollstuhl:
Nur mit geländegängigem und schmalen Buggy (auf dem ersten Abschnitt, einem Bergweg, ist das Vorankommen allerdings schwierig), Rollstuhl nicht möglich.

Höhenmeter:
135 m bergab.

Wandersaison:
Von Juni bis Oktober.

Verkehrsmittel:
Zentralbahn Luzern-Wolfenschiessen, Postauto Wolfenschiessen- Oberrickenbach und Luftseilbahnen Oberrickenbach-Chrüzhütte sowie Bannalpsee-Oberrickenbach.

Spannend für Kinder:
- Zwergenweg
- Feuerstelle mit Spielgeräten
- Fahrt mit einer abenteuerlichen Mini-Luftseilbahn

Besonderes:
Das Buch mit CD über die Zwerge ist bei der Talstation und Chrüzhütte erhältlich.

Weitere Informationen:
Luftseilbahn Fell-Chrüzhütte
6387 Oberrickenbach
Tel. 041 628 16 33
www.bannalp.ch

Krienser

Fleischfressende Pflanzen und Spurer der Eiszeit

Mit den roten Panoramagondeln der Pilatus-Bahn gelangen wir zum Ausgangspunkt unserer Wanderung auf der Krienseregg.

Der Weg auf dem Drachenmoor ist gut beschildert. Selbst Jugendliche haben an dem naturkundlichen Pfad viel Spass.

Nicht nur der Pilatus mit seiner berühmten Fernsicht oder die Fräkmüntegg mit ihrer längsten Rodelbahn der Schweiz und dem grössten Seilpark der Zentralschweiz – auch die untere Mittelstation Krienseregg auf 1026 m gilt als beliebtes Ausflugsziel. Besonders aufregend ist der vor einiger Zeit errichtete Weg durch das Drachenmoor. Das Familiennaturerlebnis fördert den respektvollen Umgang mit den empfindlichen Lebensräumen.

Das Naherholungsgebiet vor den Toren der Stadt Luzern erreichen wir mit dem Bus (bis Kriens) und der Panorama-Gondelbahn. Geniessen wir zunächst die kurze Gondelbahnfahrt von Kriens zur Krienseregg hinauf, wo wir die Gondel verlassen und einen ersten Eindruck von der Umgebung rund um das schützenswerte Hochmoor gewinnen. Ein Restaurant und ein Naturfreundehaus laden hier zur Erfrischung und zu einer entspannenden Übernachtung inmitten der prächtigen Natur ein.

Das Rumpeln der Wildbäche

Unseren Rundgang durchs Drachenmoor, der auch bei Kindern wegen den zahlreichen Posten und den lustigen Drachenfiguren sehr beliebt ist, beginnen wir

Vierbeiner dürfen mit und interessieren sich im «Reich der Moose» wohl mehr dafür, was im Wald so alles hoppelt, kriecht und fliegt.

Richtung Ricketschwändi. Je nachdem, wie lange wir an den einzelnen Stationen verweilen, dauert die Wanderung zwischen eineinhalb und drei Stunden. Als Erstes treffen wir auf das sogenannte «Reich der Moose» im Forenmoos. Um diese besonders im Herbst sehr gespenstisch wirkende Landschaft ranken sich Geschichten von feischfressenden Pflanzen und Irrlichtern. Wir kommen zum kleinen Strässchen hinunter, wo sich auch eine Feuerstelle befindet.

Südlich der beiden Häuser von Ricketschwändi zweigen wir von der Strasse wieder ab und kommen am Wissbach zur nächsten Station, welche dem Thema «Wasser versetzt Berge» gewidmet ist. An den Steintrommeln können wir das Rumpeln der Wildbäche bei Hochwasser nachempfinden. Nun spazieren wir ein kurzes Stück bergauf und kommen zur sogenannten «Baumreise». Hier bringen unsere Kinder das Holz zum Klingen, horchen den Wald aus oder entdecken Pilus' Kinderstube, wo der kleine Pilatusdrache aufgewachsen sein soll. Wir wandern nun wieder nach Norden und steigen durch den Howald nach Follen ab.

Wer diese Trommeln bewegt, in welchen sich Steine befinden, kann das Dröhnen eines Hochwasserbachs hören.

Pfeifengras und Teufelsabbiss

Ein kurzes Stück folgen wir der Strasse bis zum Punkt 1007 und zweigen dort links in den Chessel ab. Die nächste Station heisst «Pfeifengras und Teufelsabbiss». Im Ried können zirpende «Heugümper» und farbige Schmetterlinge beobachtet werden.

Nun bleiben nur noch die «Spuren der Eiszeit», die es zwischen dem Chessel und der Mittelstation Krienseregg zu entdecken gilt. Der Trampelpfad folgt ein kurzes Stück dem bewaldeten Grat. Die Reise geht 20 000 Jahre zurück, als Luzern noch unter einem dicken Eispanzer lag. Mehr Informationen dazu liefert die Station «Spuren der Eiszeit». Den richtigen Drachen, den es angeblich hier einmal gegeben hat, haben wir

In den Riedwiesen im Wydenmösli erfahren wir mehr über zirpende Heuschrecken und sonderbare Pflanzenarten.

zwar nicht gesehen, dafür sind wir der Mutter Natur auf Schritt und Tritt begegnet.

Zu guter Letzt haben wir eine Stärkung im Restaurant oder an der Feuerstelle verdient. Es bleibt die Rückfahrt mit der Gondelbahn und dem Bus über Kriens nach Luzern.

Zum Abschluss lohnt sich noch ein Abstecher zum Seilpark auf der Fräkmüntegg – bequem mit der Gondelbahn zu erreichen.

Informationen

Wanderregion:
Zentralschweiz/Nidwalden

Wanderzeit:
1 h 30 min (ohne Pausen).

Karte:
Landeskarte 1 : 25 000, Blatt 1150 Luzern.

Schwierigkeitsgrad:
Leicht – teils auf Trampelpfaden, teils auf Forststrassen durch Wald und Moor.

Kinderwagen/Rollstuhl:
Auf den Forststrassen der Krienseregg können wir sowohl mit dem Kinderwagen wie auch mit dem Rollstuhl fahren. Die meisten Posten sind für vier Räder jedoch nicht zugänglich, und der ganze Rundweg ist nicht machbar.

Höhenmeter:
89 m bergauf und bergab.

Wandersaison:
Anfang April bis Oktober.

Verkehrsmittel:
Trolleybus Linie 1 Hauptbahnhof Luzern–Kriens (Haltestelle Linde-Pilatus), Gondelbahn Kriens–Krienseregg.

Spannend für Kinder:
- Drachenweg mit zahlreichen Spielstationen
- Abstecher zur Fräkmüntegg (Seilpark und Sommerrodelbahn)

Besonderes:
Die Krienseregg mit ihren naturnahen Waldungen und ihren Flach- und Hochmooren gehört zu den Landschaften von nationaler Bedeutung.

Weitere Informationen:
Pilatus-Bahnen
Schlossweg 1
6010 Kriens LU
Tel. 041 329 11 11
www.drachenmoor.ch

Wirzweli

Mit der Standseilbahn bergauf, zu Fuss über Treppen bergab.

Vom Sonnenhang ins «Zauberland»

Eine nostalgische Standseilbahn mit rumpelnden Holzkastenwagen, ein prächtiger Rundblick auf die Zentralschweizer Alpen und ein Spielparadies, das die Herzen aller Kinder höher schlagen lässt, erwartet uns auf der heutigen Wanderung vom Stanserhorn nach Wirzweli. Auf dem ersten Abschnitt ist Trittsicherheit und am Ziel viel Geduld der Eltern gefragt, denn die Kids wollen gar nicht mehr nach Hause.

100 km Alpenpanorama mit Pilatus, Rigi, Titlis, Eiger, Mönch und Jungfrau sowie eine nostalgische Oldtimerbahn aus dem Jahre 1893 erwarten uns auf dem Stanserhorn. Der pyramidenförmige Berg bildet den Eckpfeiler einer langen Bergkette, die sich entlang dem Engelbergertal bis nach Stansstad hinunterzieht.

Im rumpelnden Holzbähnchen

Vom Bahnhof Stans bis zur Talstation der nostalgischen Standseilbahn sind es nur wenige Schritte. Auch zahlreiche Parkplätze sind vorhanden, die jedoch nicht direkt beim Bahnhof bzw. bei der Talstation liegen.
Nach einer kurzen Fahrt mit dem rumpelnden Holzbähnchen steigen wir bei Chälti in die Luftseilbahn um, mit welcher wir bis zur Bergstation auf 1848 m ü. M. schweben. Vor dem Bau der Luftseilbahn wurde der Berg mit drei Standseilbahnen erschlossen, davon besteht mittlerweile nur noch die unterste Teilstre-

Zwischen Loch und Wirzweli wandern wir auf einem bequemen Alpsträsschen, hier kommt jedermann gut voran.

cke zwischen Stans und Chälti. Die beiden oberen Abschnitte wurden nach dem Brand der Bergstation im Oktober 1970 für immer geschlossen.

Das Panoramarestaurant Rondorama wird nur noch vom 1897 m hohen Stanserhorn-Gipfel überragt. Die Luftseilbahn führt nämlich nicht bis zum Gipfel, sondern lediglich auf einen kleinen Felsvorsprung auf 1848 m ü. M. Es fehlen also noch 50 Höhenmeter. Diese werden auf einem gut an-

gelegten Weg zurückgelegt. Auch der dreiviertelstündige Gipfelrundgang (nicht in der Wanderzeit eingerechnet) ist sehr empfehlenswert. Kaum anderswo kann eine so vielfältige Alpenflora bewundert werden.

Nur mit guten Bergschuhen

Nachdem wir uns an der schönen Aussicht sattgesehen haben, widmen wir uns dem

Nicht überall ist der Weg wie hier so gut mit Drahtseilen gesichert. Schwindelfreiheit und Trittsicherheit sind erforderlich.

Abstieg und folgen dem Wegweiser in Richtung Wirzweli. Auch Kinder kommen gerne mit, winkt doch auf Wirzweli ein abenteuerlicher Spielplatz. Wir folgen zunächst dem gut ausgebauten Gipfelrundweg in südwestlicher Richtung. Dort, wo der breite Felsenweg steil ansteigt, zweigt ein schmaler Bergweg ab. Ein Schild warnt, dass dieser Pfad nur mit guten Bergschuhen begangen werden darf. Auf dem etwas anstrengenden Zickzackweg (im oberen Teil mit Tritten versehen) gehts hinab zur Chrinnenalp und weiter am Südhang des Stanserhorns entlang zur Alp Ober Chneu. Nachdem wir die Baumgrenze erreicht haben und durch ein kleines Wäldchen spaziert sind, erreichen wir die Alp Unter Chneu. Von hier aus fällt der Weg steil durch den Lückengraben bis zum Strässchen ab, welches von Wiesenberg nach Wirzweli führt. Ab und zu kreuzen wir ein Auto, der Verkehr auf der schmalen Teerstrasse hält sich jedoch in Grenzen.

Zauberland mit Tieren

Es folgt nun ein erholsamer Abschnitt über den breiten Sonnenhang, von welchem wir die herrliche Aussicht auf die Innerschweizer Alpen geniessen. Ställe, Alpgebäude und Bauernhöfe mit so klangvollen Namen wie Loch, Schwand, Litzli und Stanglisbüel liegen am Weg. Dabei gehts kaum spürbar bergauf, obwohl Wirzweli 171 m höher als der Wiesenberg liegt.

Das kleine Feriendorf Wirzweli hat sich ganz dem Familientourismus verschrieben. Hier gibt es alles, was das Kinderherz begehrt. «Zauberland» nennt sich dieses Spielparadies. Es ist wirklich erstaunlich, was es hier für Kinder alles gibt: Sommerrodelbahn, Kletterturm, Tannenzapfen-Rutschbahn, Märlibaum, unendlich viele

Im «Zauberland» gibst nebst spannenden Spielgeräten auch echte Ponys.

Hauptattraktion ist die 500 m lange Sommerrodelbahn. Ein Schräglift zieht die Rodler hinauf zum Start.

Ziegen zum Streicheln, im Hintergrund die ungewöhnliche Tandem-Luftseilbahn mit modernen Kabinen.

Spielgeräte, Eulenpfad, Tiere zum Streicheln wie die Zwerggeissli und viele andere glückliche Tiere wie das Huhn Fritzli, den Esel Clementine, Truten, Gänse, Enten und natürlich die Shetty-Ponys. Wirzweli ist ein richtiges Familienausflugsziel. Die Eltern können, während die Kinder spielen, auf der Panoramaterrasse des Bergrestaurants Wirzweli sitzen und in beschaulicher Zweisamkeit den Tag ausklingen lassen.

Mit der modernen Tandem-Luftseilbahn fahren wir hinunter nach Dallenwil, von wo aus wir den Zug zurück zu unserem Ausgangspunkt Stans nehmen.

Informationen

Wanderregion:
Zentralschweiz/Nidwalden

Wanderzeit:
2 h 30 min (ohne Pausen).

Karte:
Landeskarte 1 : 25 000, Blatt 1170 Alpnach.

Schwierigkeitsgrad:
Mittelschwer – kurzer, aber steiler Abstieg, den man in den Knien spürt.

Kinderwagen/Rollstuhl:
Zwischen Stanserhorn und Loch nicht möglich (Bergweg). Wer nur nach Wirzweli fährt, kommt auf der geteerten Alpstrasse sowohl mit dem Rollstuhl wie auch mit dem Kinderwagen gut voran.

Höhenmeter:
798 m bergab und 171 bergauf.

Wandersaison:
Von ca. Mitte Juni bis Oktober.

Verkehrsmittel:
Zentralbahn Luzern–Stans, Standseilbahn und Luftseilbahn Stans–Stanserhorn, Tandem-Luftseilbahn Wirzweli–Dallenwil, Zentralbahn Dallenwil–Stans bzw. Luzern.

Spannend für Kinder:
– alte Nostalgiebahn
– Spielpark «Zauberland» Wirzweli
– Sommerrodelbahn Wirzweli

Besonderes:
Der Abstieg vom Stanserhorn ist nur mit guten Schuhen möglich – Trittsicherheit erforderlich. Alternativ dazu könnten wir mit der kleinen Luftseilbahn von Dallenwil auf den Wiesenberg fahren und auf dem Strässchen hinüber nach Wirzweli spazieren (ca. 1 h 30 min).

Weitere Informationen:
Luftseilbahn Dallenwil–Wirzweli AG
6383 Dallenwil
Tel. 041 638 23 94
www.wirzweli.ch

Mit der Brunnibahn zum Kitzelpfad – ein lustiger Wellness-
Plausch für die ganze Familie.

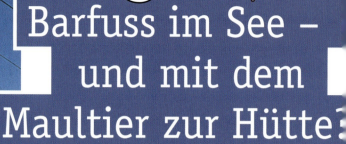

Engelberg

Barfuss im See – und mit dem Maultier zur Hütte

Engelberg ist der grösste Ferienort im Kanton Obwalden und auf der ganzen Welt bekannt. Ein Ausflug auf den Titlis gehört zum Pflichtprogramm eines jeden asiatischen Touristen. Wir konzentrieren uns auf die gegenüberliegende Talseite. Ristis und Brunni heissen hier die Familienausflugsziele, die zum Glück vom Massentourismus verschont geblieben sind.

Engelberg ist von Luzern aus bequem mit dem Auto (40 min) oder der Zentralbahn (1 h) zu erreichen. Im Dorfzentrum von Engelberg steigen wir in die Luftseilbahn zum Ristis (1606 m ü. M.). Weiter fahren wir mit dem Sessellift zum Härzlisee auf 1860 m ü. M., dem Ausgangspunkt unserer gut einstündigen Wanderung.

Auf dem Kitzelpfad

Verspüren wir ein erstes Mal Durst oder Hunger, können wir uns in der Brunnihütte direkt neben dem See stärken und dabei die fantastische Aussicht auf das Engelberger Bergpanorama geniessen. Die Feuerstelle am Härzlisee gibt uns die Möglichkeit zum Bräteln. Holz wird von der Brunnibahn gratis zur Verfügung gestellt. Bevor wir zu unserer Wanderung aufbrechen, sollten wir im Sommer unseren Füssen noch eine Wellness-Erfahrung der besonderen Art

Vor der Kulisse des Titlis begeistert der Barfussweg am Härzlisee die Kinder. Längst haben wir
das Gefühl, barfuss zu gehen, verlernt.

gönnen – auf dem Kitzelpfad rund um den
idyllischen Härzlisee. Dieser Barfussweg ist
eine Einzigartigkeit in den Bergen und für
Jung und Alt gleichermassen geeignet. Das
einmalige Naturerlebnis und der wahrhaf-
tige «Nervenkitzel» fördern sowohl Geist
als auch Körper und Seele.

Nach dieser angenehmen Fussmassage starten wir zu unserer Wanderung. Wir folgen
der stetig leicht abwärts führenden Kiesstrasse bis zur Rigidalalp. Hier erwartet
uns im Älplerbeizli, welches an sonnigen
Wochenenden vom Älpler bewirtet ist,
urige Gemütlichkeit – zurücklehnen, die
Sonne und das Panorama geniessen. Klein,
aber fein ist die Essens- und Getränkeaus-

wahl – Bratkäse, Lebkuchen und «Älpler-
kafi» werden zur einmaligen Bergkulisse
serviert.

Maultiertrecking oder Sommerrodelbahn

Von der Rigidalalp könnten wir zu einem
zweitägigen Maultiertrecking zur Rugghubelhütte aufbrechen. Im Familienpreis von
445 Franken (am Wochenende 50 Franken
teurer) sind nebst dem geführten Trecking
auch die Hüttenübernachtung, Halbpen-
sion, der Marschtee sowie die Bergbahn-
tickets enthalten (Preise Stand 2008). Weil
das Maultiertrecking rechtzeitig gebucht

werden muss, entscheiden wir uns für den Abstieg nach Risitis. Zahlreiche Ruhebänke laden unterwegs zu einem Halt ein, um das eindrückliche Bergpanorama, u. a. auf den Titlis, ausgiebig zu geniessen. Am Wegrand entdecken wir eine weitere Feuerstelle zum Bräteln. Holz ist auch hier gratis vorhanden.

Kurz darauf erreichen wir Ristis, die Bergstation der Luftseilbahn Engelberg–Ristis. Hier gibt es ein Bergrestaurant, welches über eine grosse Sonnenterrasse verfügt. Während die Erwachsenen sich dort erfrischen und noch einmal gemütlich zusammensitzen, können sich die Kinder auf dem grossen Spielplatz mit Trampolin und Luftschloss so richtig austoben. Für Abwechslung sorgt auch die 600 m lange Rodelbahn, auf der wir eine rasante Fahrt geniessen können.

Die Luftseilbahn bringt uns schliesslich wieder zurück nach Engelberg.

Auf der Rigidalstafel können wir uns einem Murmeltiertrecking zur Rugghubelhütte anschliessend oder weiter talwärts nach Ristis wandern.

In Ristis wartet ein Spielplatz mit Sommerrodelbahn, Luftschloss, Trampolin und einigen weiteren Attraktionen auf die Kinder.

Informationen

Wanderregion:
Zentralschweiz/Obwalden

Wanderzeit:
1 h 15 min (ohne Pausen).

Karte:
Landeskarte 1:25 000, Blatt 1191 Engelberg.

Schwierigkeitsgrad:
Leicht – breite Alpwege, angenehmer Abstieg.

Kinderwagen/Rollstuhl:
Auf der Kiesstrasse können wir einen Buggy problemlos mitführen. Mit dem Rollstuhl kommen wir bis Ristis und von dort aus mit einem SwissTrac-Vorspannmotor auch über die Kieswege ein gutes Stück bergauf (nur für gut trainierte Fahrer).

Höhenmeter:
89 m bergauf und bergab.

Wandersaison:
Von Mitte Mai bis Oktober.

Verkehrsmittel:
Zentralbahn Luzern–Engelberg, Luftseilbahn und Sessellift Engelberg–Ristis–Brunni.

Spannend für Kinder:
- Kitzelpfad am Härzlisee
- mehrere Feuerstellen zum Bräteln
- Sommerrodelbahn Risits
- Spielplatz mit Trampolin und Luftschloss

Besonderes:
Die Sesselbahn fährt nur bei guter Witterung. Wer sich für das Maultiertrecking entscheidet, sollte dies mehrere Wochen zum Voraus bei Engelberg-Titlis-Tourismus buchen, Tel. 041 639 77 77.

Weitere Informationen:
Luftseilbahn Engelberg–Brunni
6390 Engelberg
Tel. 041 639 60 60
www.brunni.ch

Urnersee

Auf dem «Weg der Schweiz» zur Bad mit dem Sandstrand

Zu unserem Ausflug gehört auch eine Fahrt mit dem Dampfschiff auf dem Urnersee.

Mit der «Uri», der «Schiller», der «Gallia», der «Unterwalden» und der «Stadt Luzern» wird auf dem Vierwaldstättersee eine ganze Flotte von historischen Raddampfern eingesetzt, die zum Teil über 100 Jahre alt ist. Eine Reise über den Seeweg von Luzern bis nach Flüelen am südlichsten Zipfel des vielarmigen Vierwaldstättersees dauert fast fünf Stunden. Wer nicht so viel Geduld aufbringt, nimmt den Zug oder das Auto.

Der Urnersee, wie das fjordähnliche Seebecken zwischen Brunnen und Flüelen auch genannt wird, hat viele Gesichter. Er verkörpert mit dem Rütli ein Stück Urschweiz und ziert den Nationalratssaal im Bundeshaus. 1901 verewigte der Genfer Maler Charles Giron (1850–1914) das berühmte Riesenwandgemälde. Der Urnersee ist aber auch ein berüchtigter Ort für Föhnstürme, wo die Winde manchmal sogar Hausdächer abdecken und die Herzen der Windsurfer höher schlagen lassen. Mit dem «Weg der Schweiz» wurde 1991 zur 700-Jahr-Feier der Eidgenossenschaft ein Wanderweg eröffnet, der in mehreren Etappen begangen werden kann.

Auftakt mit dem Raddampfer

Wir entscheiden uns für die Wanderetappe von Isleten nach Flüelen, weil wir auf diesem Weg gleich mehrere

Spannung kommt schon nach wenigen Schritten auf. Der Weg führt durch einen Tunnel und entlang von steilen Felswänden.

Höhepunkte unseren Kindern bieten können – eine Dampfschifffahrt, eine abwechslungsreiche Uferwanderung sowie ein Besuch im Strandbad.

Nach Brunnen, unserem Ausgangspunkt, gelangen wir am schnellsten mit der Bahn, der InterRegio (IR) Basel–Luzern–Locarno hält am Bahnhof Brunnen. Wer von Zürich anreist, steigt in Zug in die S2 um und steigt ebenfalls in Brunnen aus. Achtung: Wer direkt von Flüelen nach Isleten fahren will, kann keinen Raddampfer benützen, dieser hält nämlich nur auf dem Hinweg von Luzern nach Flüelen in Isleten. Die eindrucksvolle Fahrt mit dem Raddampfer dauert über eine halbe Stunde. Während dieser Zeit kann das Schiff erkundet werden, zum Beispiel der von oben einsehbare Maschinenraum, in welchem die Dampfmaschine zischt, stampft und faucht. Was für ein Erlebnis im Zeitalter von Internet und iPod! In Isleten hält der Dampfer nur kurz, sodass wir rasch aussteigen müssen.

Der Urnersee ist bekannt durch seine Föhnwinde, aus diesem Grund tummeln sich auch viele Segler und Surfer im Wasser.

Durch einen dunklen Stollen

Schon nach wenigen Schritten auf dem Trottoir in Richtung Süden hätten wir Gelegenheit, am Delta des Isitaler Bachs ins kühle Nass zu springen. Unzählige Badegäste tummeln sich am steinigen Strand. Wir wollen zunächst noch etwas dem See entlang wandern und uns später am Sandstrand von Schanz unter die Badegäste mischen. Unsere Kinder werden es ver-

Badespass und das Panorama am Urnersee geniessen.

schmerzen, denn schon nach einigen weiteren Schritten kommt Spannung auf. Die Autostrasse verschwindet in einem langen Tunnel, unser Fussweg schlängelt sich der Felswand entlang und mündet dann ebenfalls in einen dunklen Stollen. Dieser ist allerdings nur kurz, und auf dem weiteren Weg können wir eigentlich nicht falsch gehen. Mal zieht sich dieser unterhalb der Strasse direkt am Ufer des Urnersees entlang, mal wandern wir auf dem Trottoir. Nach etwa eineinhalb Stunden Wanderzeit haben wir Seedorf erreicht – kein Dorf im üblichen Sinn, sondern eine Ansammlung von wenigen Ferienhäusern. Wir zweigen links zum Restaurant ab und können uns auf der herrlichen Aussichtsterrasse mit Blick über den See stärken und erfrischen.

Sandstrand in der Badi Schanz

Möglich wäre es auch, westlich vom Restaurant Seedorf ein Feuer zu machen und unsere mitgebrachten Würste zu grillen. Nach dieser Stärkung wandern wir durchs Riedschutzgebiet weiter. Im Frühjahr und Herbst machen hier Zugvögel auf ihrem Flug über die Alpen Station. Endlich erreichen wir die Badi Schanz, wo wir endlich die lang ersehnte Abkühlung im Wasser des Urnersees verdient haben. Wir sollten die Zeit hier nicht zu knapp bemessen, denn schliesslich haben sich die Kinder, immer das Ziel Badi vor Augen, dafür tapfer während der Wanderung geschlagen. Der Sandstrand lässt aber auch bei den Eltern Urlaubsgefühle aufkommen. Man braucht nicht immer nach Mallorca oder Grand Canaria zu fliegen…

Das letzte Teilstück bis Flüelen dauert ungefähr nochmals 30 bis 40 Minuten. Hierzu folgen wir den Wegweisern, queren die Reuss und wandern durch den Busch eines Naturschutzgebietes. Von Flüelen aus können wir mit dem Zug oder mit dem Schiff zurück nach Brunnen fahren.

Impressionen vom Flussdelta der Reuss.

Informationen

Wanderregion:
Zentralschweiz/Uri

Wanderzeit:
2 h 30 min (ohne Pausen).

Karte:
Jubiläumskarte 1:25 000 «Weg der Schweiz», von der Landestopografie herausgegeben.

Schwierigkeitsgrad:
Leicht – immer auf gutem Weg, auch mit Sportschuhen oder Flipflops möglich.

Kinderwagen/Rollstuhl:
Der komplette Weg ist rollstuhlgängig und kann daher auch mit jedem Kinderwagen befahren werden.

Höhenmeter:
Praktisch immer ebenwegs, bei Bolzbach gehts kurz und unbedeutend bergauf und bergab.

Wandersaison:
Von Mai bis Oktober.

Verkehrsmittel:
Mit dem InterRegio oder der S-Bahn nach Brunnen, Schifffahrt Brunnen–Isleten, Rückfahrt mit dem Zug oder dem Schiff von Flüelen nach Brunnen.

Spannend für Kinder:
- Fahrt mit dem alten Raddampfer
- abwechslungsreiche Uferwanderung
- Feuerstellen bei Seedorf
- Badi Schanz mit Sandstrand

Besonderes:
Wir sollten uns vor der Wanderung über die genauen Abfahrtszeiten und Einsatzpläne der Dampfschiffe telefonisch bei der Schifffahrtsgesellschaft erkundigen. Tel. 041 367 67 67 oder www.lakelucerne.ch.

Weitere Informationen:
Flüelen Tourismus
6454 Flüelen
Tel. 041 870 42 23
www.flueelen.ch

Bunair

Im Irrgarten der geheimnisvoller Tunneleingänge des Lago di Luzzor

Der Grössenvergleich – kleiner Stadtflitzer, gigantische Staumauer – auf der kurvenreichen Strasse kann nicht eindrücklicher sein.

AG 403 195

Welchen Tunneleingang nehmen wir bloss? Die Verwirrung ist gross – eine gute Wanderkarte oder das Auskundschaften ist die Lösung.

Wer den Lago Luzzone im hintersten Winkel des Val Blenio zum ersten Mal besucht, erlebt widersprüchliche Gefühle. Zum einen ist er fasziniert von der wildschönen Landschaft in diesem abgeschiedenen Bergtal – zum andern aber etwas verwirrt von den vielen, fast unheimlich wirkenden Tunnels, die überall in den Berg hineinführen.

Unterhalb von Pian Sgiuméll müssen wir uns gleich zwischen drei Portalen entscheiden. Der mittlere Tunnel führt geradeaus zum grossen Parkplatz, der rechts gelegene zum Restaurant und der linke in einem Bogen hinunter zur Staumauer. Unterhalb der gigantischen Talsperre gibt es einen weiteren Stollen, der durch die Staumauer auf die andere Seite des Sees führt – und ausserdem sind noch etliche geheimnisvolle Eingänge zu erwähnen, die nur dem Personal der Elektrizitätsgesellschaft vorbehalten sind.

Wandern im dunklen Stollen

Weil der Bus der Autolinee Bleniesi nur am Wochenende zur Staumauer hinauffährt (und dies auch nur

Hier braucht es etwas Mut; die Wanderung führt durch den langen, schmalen Sasgiüch-Tunnel. Am anderen Ende erwartet uns eine wilde Berglandschaft.

drei Mal am Tag, davon einmal in aller Herr-gottsfrühe), bleibt dieses noch wenig be-kannte Tessiner Wander- und Ausflugsziel den Automobilisten vorbehalten. Vom grosszügig bemessenen Parkplatz (am anderen Ende des mittleren Tunnels) stei-gen wir über eine Treppe zur Mauerkrone des Speichersees hinunter – hier befindet sich auch der Ausgang des linken Tunnels. Die Staumauer wird, je nach Neigung zu

Die Wasserkraft ist allgegenwärtig – sei es in wilden Bergbächen oder im Stausee, dessen Wasser zu Strom verarbeitet wird.

Schwindel, rasch oder mit genussvollem Tiefblick überquert. Auf der anderen Seite verschwindet die Strasse erneut in einem schwach beleuchteten, unheimlich wirkenden Tunnel. Nach einer Kurve tut sich uns ein endloser Stollen auf, dessen Ende nicht zu erkennen ist. Ob wir hier richtig sind? Was soll's, den Kindern gefällt's!

Wie aus einer anderen Welt

Ja, wir sind richtig, denn der Wegweiser wies unmissverständlich in diesen Tunnel.

Ein plötzliches, gespenstisches Dröhnen kündigt übrigens keinen Wassereinbruch, sondern das Nahen eines Autos an. Viele davon gibt es allerdings nicht, denn nur Fischer, Jäger, Älpler und ganz verwegene Touristen fahren hier mit ihrem Auto ins Ungewisse…
Nach einer erneuten Tunnelbiegung erkennen wir dann endlich wieder den Schein des Tageslichts. Geblendet werden wir nicht nur von der Sonne, sondern auch von so viel Schönheit der Bergwelt. Wir befinden uns bereits weit von der Staumauer ent-

Nach unserer Wanderung am Lago Luzzone besuchen wir die Kirche von Aquilesco.

fernt im wilden Teil des Sees. Wälder, Berge, Felsen und das dunkle Wasser erscheinen wie aus einer anderen Welt, fern der dicht besiedelten Schweiz. Nun gehts dem Ufer des Lago di Luzzone einer breiten Schotterstrasse entlang. Besonders schön ist dieser Abschnitt im Herbst, wenn die Lärchenwälder goldgelb leuchten. Auf der Alpe Garzott auf 1628 m ü. M. endet die breite

Strasse und wir gehen nun auf einem schmalen Bergweg weiter über Bunair bis zum Ende des Sees, der sich hier wie ein Fjord in den Fels gegraben hat. Der Weg führt in dreieinhalb Stunden weiter zur Terrihütte auf der Greina-Hochebene. Das ist uns für heute zu weit, und so kehren wir auf dem gleichen Weg zurück nach Diga Luzzone.

Informationen

Wanderregion:
Val Blenio/Tessin

Wanderzeit:
2 h 20 min (für den Hin- und Rückweg).

Karte:
Landeskarten 1:25 000, Blätter 1233 Greina und 1253 Olivone.

Schwierigkeitsgrad:
Leicht – breite Schotter- und Asphaltstrasse im ersten Teil, Bergweg nach der Alpe Garzott.

Kinderwagen/Rollstuhl:
Von Diga Luzzone bis zur Alpe Garzott gilt für Rollstuhl und Kinderwagen freie Fahrt.

Höhenmeter:
Ebener Weg ohne Höhenunterschied.

Wandersaison:
Von ca. Mitte Mai bis Oktober.

Verkehrsmittel:
Das eigene Auto.

Spannend für Kinder:
– unheimliche und verwirrende Tunnels
– wilde Bergregion abseits der Zivilisation

Besonderes:
Die steilen Ufer des Lago di Luzzone eignen sich nicht zum Baden oder für Spiele am Wasser.

Weitere Informationen:
Blenio Turismo
6718 Olivone
Tel. 091 872 14 87
www.blenioturismo.ch

• Bubikon

Für diese Draisine vom Ritterhaus zum Egelsee gibts keinen Fahrplan. Sie wird nach Gutdünken des Besitzers betrieben.

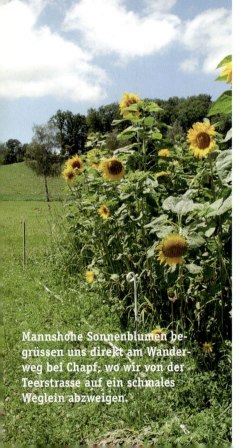

Mannshohe Sonnenblumen begrüssen uns direkt am Wanderweg bei Chapf, wo wir von der Teerstrasse auf ein schmales Weglein abzweigen.

Für Mutti die Rosen für Papi alte Rüstungen

Ob wir im Ritterhaus von Bubikon alte Rüstungen und Hellebarden bewundern, uns im Egelsee beim Baden erfrischen oder im Rosengarten Rapperswil die bezaubernden Gärten fotografieren – die Wanderung von Bubikon nach Rapperswil bietet zahlreiche Höhepunkte, die rasch einen Nachmittag oder sogar einen ganzen Tag ausfüllen.

Zwei Rosen zieren nicht nur das Wappen der Rosenstadt Rapperswil, im Jahre 1958 beschloss der Verkehrsverein, mehr Rosen in die Rosenstadt zu bringen. Heute blühen beim Kapuzinerkloster 3000 Rosen von 150 Sorten. 1974 entstand beim Einsiedelhaus ein weiterer Rosengarten, und schliesslich schufen die Blumenfreunde noch den Duftrosengarten für Seh- und Mobilitätsbehinderte über der städtischen Schanz-Tiefgarage.

Mit der Draisine oder zu Fuss zum Egelsee

Bis wir Rapperswil und seine Rosengärten erreichen, müssen wir noch einen tüchtigen Fussmarsch zurücklegen. Wir beginnen unsere Wanderung beim Bahnhof Bubikon, den wir bequem mit der S5 bzw. S15 direkt von Zürich oder Rapperswil aus erreichen. Zunächst gehen wir auf dem Trottoir an der Agrola-Tankstelle vorbei in Richtung Ritterhaus, wo wir uns

Schon von Weitem zu erkennen: das zinnengekrönte Ritterhaus Bubikon. Ein Besuch im mittelalterlichen Museum lohnt sich auch für Kids.

bereits den ersten Abstecher ins Reich der alten Rüstungen überlegen. Besonders für Kinder ist der Besuch im Ritterhaus reizvoll. Für sie gibts einen speziellen Rundgang und eine spannende Broschüre. Vielleicht können wir die dadurch verlorene Zeit mit der Handdraisine wieder aufholen? Am Wochenende fährt manchmal ein älterer Herr mit seiner Draisine auf der stillgelegten Bahnlinie zum Egelsee. Gegen ein kleines Entgelt werden auch Passagiere mitgenommen. Falls keine Mitfahrgelegenheit besteht, nehmen wir das Strässchen, das

vom Ritterhaus in Richtung Südwesten führt. Unterhalb des Hügels Chapf überqueren wir vorsichtig die Hauptstrasse und steigen dann auf einem schmalen Weglein zu einem Panoramaplatz hinauf, wo wir einen herrlichen Ausblick aufs Zürcher Oberland geniessen.

Hunderte Tauben in der Scheune

Weiter gehts entlang von Maisfeldern und Weinbergen. Nach einem kurzen Abschnitt durch den Wald und vorbei an Einfamilien-

Für Kinder gibt's einige Spielgeräte am Wasser. Die Anlage ist sehr gepflegt und eignet sich auch bestens für Familien.

Dieses schmucke Haus beim Weiler Barenberg gehört ganz den Tauben. Rechts: Die Rosenstadt Rapperswil mit dem Yachthafen.

häusern unterqueren wir die stillgelegte Bahnlinie. Ein kleines Biotop mit Tümpel trennt uns noch von der Strasse Rüti–Wolfhausen. Gleich danach erwartet uns der Egelsee mit seinem herrlichen Strandbad. Hier ist ein längerer Unterbruch der Wanderung erforderlich, denn die naturnahen Ufer laden zu einem idyllischen Badeerlebnis ein.

Nach ein bis zwei Stunden müssen wir an die Fortsetzung unserer Tour denken. Bei der Y-Verzweigung nach der Badi nehmen wir den Weg rechts, der durchs Naturschutzgebiet zum Weiler Barenberg führt, hier gehts an der Scheune mit Hunderten Tauben vorbei auf einen Feldweg, der oberhalb von Rüssel in eine Nebenstrasse mündet. Nun spazieren wir auf Hartbelag weiter, zunächst auf dem Trottoir zu den neuen Häusern von Rotenweg. Beim Zebrastreifen nehmen wir das asphaltierte Weglein und gehen nun mal links, mal rechts die Quartierstrassen hinunter. Dabei gehts auch über den Pausenhof eines Schulhauses. Bei der katholischen Kirche nehmen wir die Strasse zur Kreuzung beim Gasthaus Krone – hier geradeaus und weiter durch Quartierstrassen, die Bahnlinie und Hauptstrasse querend, bis wir ein Stück dem See entlang zum Kapu-zinerkloster von Rapperswil gelangen. Beim Bahnhof nehmen wir die S5/S15 zurück nach Bubikon bzw. Zürich.

Informationen

Wanderregion:
Zürcher Oberland/Zürich und St. Gallen

Wanderzeit:
1 h 30 min (reine Marschzeit).

Karte:
Landeskarte 1:25 000, Blatt 1112 Stäfa.

Schwierigkeitsgrad:
Leicht – meist breite Wander- und Forstwege, in Rapperswil Quartier-strassen.

Kinderwagen/Rollstuhl:
Nicht geeignet: schmales Weglein bei Chapf, Treppenstufen in Rapperswil.

Höhenmeter:
30 m bergauf, 133 m bergab.

Wandersaison:
Das ganze Jahr, wenn kein Schnee und Eis auf den Wegen liegt.

Verkehrsmittel:
S5 bzw. S15.

Spannend für Kinder:
- Ritterhaus Bubikon
- evtl. Fahrt mit einer Draisine
- Baden im Egelsee
- alte Burg in Rapperswil

Besonderes:
Ein lohnender Besuch führt uns gleich zu Beginn unserer Wande-rung ins Ritterhaus Bubikon. Das mittelalterliche Anwesen blickt auf eine über 800-jährige Ge-schichte zurück und kann be-sichtigt werden. Infos: Tel. 055 243 12 60, www.ritterhaus.ch.

Weitere Informationen:
Tourist Information
Fischmarktplatz 1
8640 Rapperswil
Tel. 055 220 57 57
www.rapperswil-jona.ch

120 Zugvögel und eine Fliegende Festung

Ob Gummi- oder Ruderboot, der Greifensee lockt an sonnigen Wochenenden zahlreiche Hobbykapitäne an.

Spaziergang durchs Städtchen Greifensee. Das Schloss (im Hintergrund) diente einst als Sitz der Landvögte.

Nur 20 km vor den Toren der Stadt Zürich breitet sich der Greifensee aus. Das 6 km lange und 1500 m breite Gewässer im Zürcher Oberland zeichnet sich besonders durch seine naturnahen Ufer und Hochmoore aus, die seit 1941 unter strengen Naturschutzbestimmungen stehen. Aus diesem Grund sind die Uferzonen auch nirgends verbaut.

Die Bewohner am Greifensee waren aufgebracht, als am 24. April 1944 ein angeschossener B-17-Bomber der US Air Force in ihren friedlichen See stürzte, der erst drei Jahre zuvor als eines der ersten Naturreservate der Schweiz unter Schutz gestellt wurde. Die Trümmer der viermotorigen Fliegenden Festung «Little Chub», die von Schweizer Abfangjägern abgeschossen wurde, konnten erst neun Jahre später geborgen werden. Der amerikanische Copilot James Burry starb beim Absturz, drei weitere Besatzungsmitglieder konnten mit dem Fallschirm aus geringer Höhe abspringen.

Badeplätze unter schattigen Bäumen

Heute präsentiert sich der Greifensee wesentlich friedlicher: Die Vögel zwitschern, Kinder spielen mit Gummibooten am Wasser, die Eltern räkeln sich an der Sonne. Nach Uster am Greifensee gelangen wir von Zürich oder Rapperswil aus mit der S5, wo wir in den Bus der Linie 817 Richtung Niederuster/See steigen. Wir beginnen unsere Wanderung bei der

An einem bezaubernden Frühsommertag geniessen wir von der Plattform im Naturschutzgebiet das naturnahe Greifenseeufer.

Schifflände Niederuster, dort biegen wir rechts in den Seeuferweg ein. Bis Greifensee soll die Wanderung 40 Minuten dauern, lesen wir auf dem gelben Wegweiser. Auf dem nur wenige Zentimeter breiten Weglein kommen wir unter schattigen Bäumen und vorbei an kostenlosen Badeplätzen mit Feuerstellen gut voran. Haben wir das Gummiboot, den Schnorchel und die Badehose dabei? Eine parkartige Baumlandschaft und zahlreiche Ruhebänke laden zum Verweilen ein. Wer mit Kinderwagen oder Rollstuhl unterwegs ist, nimmt den etwas weiter landeinwärts verlaufenden Kiesweg, auf welchen wir kurz vor der Einmündung des

Aabachs stossen. Unmittelbar nach dem Überqueren der beiden Flussarme zweigen wir scharf nach links ab und gelangen zurück zu den naturnahen Ufern. Durchs Naturschutzgebiet mit einer Beobachtungsplattform gehts weiter durch den schattigen Wald, bis unser Weg kurz vor dem Städtchen Greifensee aufs Trottoir mündet.

Durchs Ried und Schilf

Beim Restaurant Zur Alten Kanzlei spazieren wir links hinunter, am Schloss Greifensee vorbei, zum Wasser. Diesem bleiben wir auch weiter treu, kommen an der kosten-

Am Greifensee entdecken wir nebst alten Fachwerkhäusern auch Flachmoore und Riedwiesen (links).

ausserdem wurden schon über 120 Zug-vögelarten hier nachgewiesen. Bei der Wegkreuzung im Ried halten wir links, folgen dem Weg durchs Schilf von Suelen und queren den Glattbach auf einer alten, schmalen Eisenbrücke. Weiter westlich kommen wir auf der Höhe von Fällanden kurz auf eine Teerstrasse, diese verlassen wir jedoch gleich wieder, um durchs Naherholungsgebiet Rohrwies mit Badeplätzen, Feuerstellen und Bänklis zur Schifflände in Rohr zu gelangen. Mit dem Kursschiff fahren wir schliesslich über Greifensee zurück nach Niederuster.

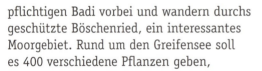

pflichtigen Badi vorbei und wandern durchs geschützte Böschenried, ein interessantes Moorgebiet. Rund um den Greifensee soll es 400 verschiedene Pflanzen geben,

Wandererlebnisse am sommerlichen Greifensee.

Informationen

Wanderregion:
Greifensee/Zürich

Wanderzeit:
1 h 45 min (reine Marschzeit).

Karte:
Landeskarte 1:25 000, Blatt 1092 Uster.

Schwierigkeitsgrad:
Leicht – ebener Uferweg ohne Steigungen.

Kinderwagen/Rollstuhl:
Der Weg ist auch für Rollstuhlfahrer und Familien mit Kinderwagen geeignet. Einzig die Brücke über den Glattbach ist etwas knifflig.

Höhenmeter:
Kein Höhenunterschied.

Wandersaison:
Das ganze Jahr, wenn kein Schnee und Eis auf den Wegen liegt.

Verkehrsmittel:
S5, Bus der Linie 817, Schiff.

Spannend für Kinder:
– Baden am Greifensee
– Frösche in den Tümpeln des Naturschutzgebietes
– kurze Fahrt mit dem Schiff

Besonderes:
Auf dem Greifensee verkehrt nebst modernen Schiffen auch der alte Schraubendampfer «Greif». Das kleine Dampfschiff für max. 22 Personen wird nach einem speziellen Fahrplan mehrmals an Sonn- und Feiertagen bei guter Witterung eingesetzt. Detaillierte Auskunft bei der Schifffahrt.

Weitere Informationen:
Schifffahrtsgenossenschaft Greifensee
Seestrasse
8124 Maur
Tel. 044 980 01 69
www.sgg-greifensee.ch

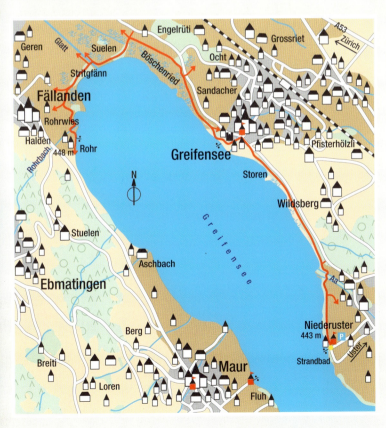

Hörnli

Älpler-Hörnli oder Hörnli-Gipfel

Im Bahnhof von Bauma treffen sich der Regionalzug «Thurbo» und der Dampfzug «Hinwil – Bauma».

Unter Hörnli verstehen wir in diesem Kapitel nicht das schweizerische Wort für eine Nudel, auch nicht den Basler Zentralfriedhof, sondern den mit 1133 m ü. M. höchsten ganz im Kanton Zürich liegenden Berg. Noch etwas höher ist mit 1292 m ü. M. das im Osten vom Hörnli gelegene Schnebelhorn, doch dessen Gipfel muss der Kanton Zürich mit dem Kanton St. Gallen teilen.

Hörnli mit Ankeziger, Käse-Hörnli-Salat, Erdnuss-Hörnli oder doch lieber Älpler-Hörnli? Die Rezepte auf der Website des Berggasthauses Hörnli lassen die Qual der Wahl. Ob wir uns, mit knurrendem Magen auf dem Hörnli-Gipfel angekommen, eine Hörnli-Speise servieren lassen? Schliesslich gehören die Hörnli zu den Leibgerichten von uns Schweizern.

Meist nebelfreies Hörnli

Unsere Wanderung beginnen wir mit einer Postauto-fahrt von Bauma über Sternenberg nach Gfell. Besonders im Oktober, wenn bereits eine Nebeldecke auf das Flachland drückt, pilgern ganze Wanderscharen aufs oft nebelfreie Hörnli, sodass das kleine Postauto an seine Kapazitätsgrenzen stösst. Um sicherzugehen, dass das Hörnli wirklich nebelfrei ist, können wir uns mittels der Gipfel-Webcam (zu finden unter www.berggasthaus-hoernli.ch) vergewissern. Von der Postautohaltestelle in Gfell wandern wir auf der Strasse rund 100 m nach Osten, bevor wir rechts

Mit diesem kleinen Postauto gehts hinauf nach Gfell.

Ein moderat ansteigender Wanderweg führt vom Weiler Gfell zum Waldrand hinauf, dabei geniessen wir ein herrliches Panorama.

abzweigen und dem Wegweiser Richtung Hörnli/Heiletsegg folgen. Die grosse Antenne auf dem Hörnli sehen wir bereits, der Aufstieg kann also nicht so anstrengend sein. Schon nach wenigen Schritten verlassen wir das geteerte Strässchen zur Heiletsegg und nehmen links den Wanderweg, der zu einem namenlosen Grat hinaufführt. Wer schon Hunger hat, kann bereits bei der Feuerstelle am Waldrand seine mitgebrachten Würste braten. Es lohnt sich auch, stehenzubleiben und die sanften Hügelzüge des Zürcher Oberlandes zu bewundern, die hier etwas an den Baselbieter Jura erin-

nern. Wir achten bei dem nun folgenden Aufstieg auf die Wanderwegmarkierungen an den Bäumen. An einer Ruhebank vorbei, gehts alsbald ziemlich steil zu einem Waldgrat hinauf. Diesem folgen wir über Stock und Stein und merken dabei nicht, dass wir soeben das Chlihörnli erreicht haben. Wir steigen wenige Höhenmeter in eine Mulde hinunter und folgen anschliessend dem Jakobsweg bis zum Hörnli mit seinem weit ausladenden Gipfelplateau mit mehreren Feuerstellen. Im Selbstbedienungsrestaurant unterhalb des Gipfels werden an gut frequentierten Tagen die bestellten

Kurze Verschnaufpause im Wald. Der kühle Gratweg macht die Wanderung im Sommer zum Genuss – im Hintergrund das Hörnli.

Der Sendemast dem Hörnli ist ein sogenannte Digipeater, eine Sende- und Emp fangsstation zu Weiterleitung digital codierte Informationen.

Endlich haben wir auf 1133 m ü. M. das Hörnli und damit den höchsten Punkt, der ganz auf zürcherischem Boden liegt, erreicht.

Wer rechtzeitig ankommt, kann mit dem Trotti nach Steg hinunter brausen.

Essen mittels Reservationsnummern ausgerufen.

Zu Fuss oder mit dem Trotti

Unseren Abstieg vom Hörnli beginnen wir auf einer Teerstrasse. Bei der ersten Kehre nehmen wir den Wanderweg, der rechts nach Steg hinunterführt. Weiter unten erreichen wir eine Schotterstrasse, die uns über den Tanzplatzhof zu einer Verzweigung führt. Hier nehmen wir den parallel zum Strässchen führenden Wanderweg. Weiter unten schneidet unser Weg immer wieder das Schottersträsschen ab, bis wir den Bahnhof Steg erreichen. Mit dem «Thurbo» der S26 fahren wir nach Bauma zurück. Auch Kinder werden sich für eine Wanderung aufs Hörnli begeistern lassen, wenn sie hören, dass die Abfahrt nach Steg mit dem Trotti möglich ist. Auf der Schotterstrasse nach Steg herrscht Gegenverkehr, weil auch Landwirte und Anwohner mit ihren Fahrzeugen unterwegs sind. Es gelten die allgemeinen Strassenverkehrsvorschriften.

Informationen

Wanderregion:
Tösstal/Zürich

Wanderzeit:
2 h 30 min (inkl. Talwanderung).

Karte:
Landeskarte 1:25 000, Blatt 1093 Hörnli.

Schwierigkeitsgrad:
Leicht – teilweise Bergweg, nur mit griffigen Schuhen.

Kinderwagen/Rollstuhl:
Nicht möglich. Wer von Steg über die Schotterstrasse aufs Hörnli wandert, kann dies sowohl mit Kinderwagen wie auch mit Rollstuhl und Vorspannmotor SwissTrac.

Höhenmeter:
270 m bergauf, 487 m bergab.

Wandersaison:
Die Bergwanderung ist von ca. Mitte April bis Ende Oktober möglich. Im Winter ist die Strasse Steg–Hörnli für Schlittler offen.

Verkehrsmittel:
Mit der S5 bis Wetzikon, weiter mit dem Bus 850 bis Bauma und mit dem kleinen Postauto bis Endstation Gfell. Rückfahrt mit der S5 ab Steg nach Bauma.

Spannend für Kinder:
– schattige Gratwanderung, die nicht sehr anstrengend ist
– mehrere Feuerstellen unterwegs
– evtl. Abfahrt mit dem Trotti

Besonderes:
Wer an schönen Wochenenden zu spät kommt, erhält möglicherweise kein Trotti mehr. Die Nachfrage ist gross und das Angebot klein. Nach Voranmeldung können für Gruppen Trottis reserviert werden – manchmal auch für eine vier- oder fünfköpfige Familie.

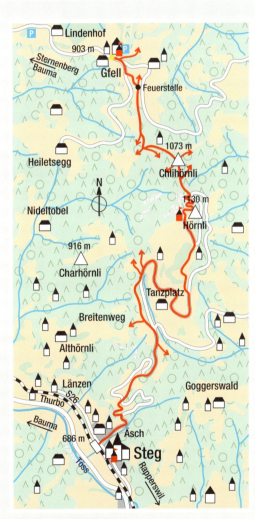

Weitere Informationen:
Berggasthaus Hörnli
8496 Steg ZH
Tel. 055 245 12 02
www.berggasthaus-hoernli.ch

Klöntale

Idyllische Buchen am wildromantischen Se

Der Glarner Bus gehört zur Postautoregion Ostschweiz und ist rot.

Ankunft auf dem Rhodannenberg am Nordufer des Klöntalersees.

An heissen Sommertagen ist nichts willkommener als eine Abkühlung im klaren Bergsee. Im grossen Klöntalersee, versteckt in einem Glarner Seitental, ist ein kostenloser Badespass möglich. Einfach Badetuch auf der Wiese oder in einer schönen Badebucht ausbreiten und ins Wasser springen. Die urtümliche Landschaft erinnert dabei fast mehr an die Rocky Mountains als an einen Schweizer Bergsee.

Keine Rohstoffe abbauen, Energie gewinnen und erst noch die Landschaft verschönern – was so unwirklich klingt, ist im Klöntal längst Realität. In den Jahren 1905–1908 wurde das Kraftwerk am Glarner Löntschbach erbaut. Früher war das Klöntal ein unscheinbares Tal, heute hat es durch den grossen See viel an Freizeitwert und Lebensqualität gewonnen. Das Wasser fliesst über eine lange Druckleitung nach Netstal hinunter, wo es in den Turbinen der Kraftwerkszentrale umweltfreundliche Energie erzeugt. Rund 22 000 Haushalte können auf diese Weise mit Strom versorgt werden.

Die erstbeste Badebucht

Unser Wandergebiet erreichen wir ebenfalls umweltfreundlich mit Bahn und Postauto: von Zürich über Ziegelbrücke (umsteigen) bis Glarus, von dort aus weiter mit dem Postauto bis Plätz am Westende des Klöntalersees. Falls wir das Auto benutzen, können wir dieses beim Staudamm oder ebenfalls in Plätz

Besonders schön ist die Wanderung am frühen Morgen, wenn sich noch nicht so viele Leute am Klöntalersee tummeln.

parken. An Wochenenden ist allerdings der Andrang so gross, dass es sehr schwierig wird, einen der wenigen Parkplätze zu ergattern.

Wir beginnen unsere Wanderung mit einem kurzen Marsch auf Hartbelag taleinwärts, Wegweiser gibts beim Gasthaus Plätz leider nicht. Nach zwei Minuten entdecken wir den ersten Wegweiser, er weist uns links über ein Brücklein zu einigen Ferienhäusern. Auf einem Feldweg queren wir den Talboden und wenden uns beim Waldrand nach links. Zunächst führt der Weg durch den Wald. Links von uns rauscht ein namenloser Bach. Erst nach etwa 20 Minuten

Ob Kanu oder Gummiboot – am Klöntalersee kommen Freizeitkapitäne auf ihre Kosten. Damit wird das Erkunden der Badebuchten noch spannender.

Bei Wissen Brünnen lohnt es sich noch nicht das Badetuch auszubreiten. Die Ufer sind hier nur kurz und steil.

In der Glarner Fischereiverordnung heisst es: Das Freiangelrecht im Klöntalersee darf vom Ufer aus durch jedermann ohne Patent ausgeübt werden.

Wer mit dem Auto weiter nach Westen Richtung Pragelpass fährt, erlebt das Klöntal aus einer ganz anderen, noch wilderen Perspektive.

erreichen wir bei Wissen Brünnen das erste Mal den See, eine idyllische Badebucht lädt zum Bleiben ein. Doch keine Sorge, solche werden wir noch mehrfach entdecken. Wir müssen uns nicht für die erstbeste Badebucht entscheiden.

Luftmatratzen und Gummiboote

Wir queren immer wieder auf guten Brücken Geröll führende Seitenbäche, die nur zur Zeit der Schneeschmelze oder nach einem Gewitter Wasser führen. Der Weg führt uns immer wieder durch den Wald und nur ab und zu ans Ufer. Etwa in der Mitte unserer Wanderung kommen wir an einem eindrucksvollen Wasserfall vorbei. Von nun an sehen wir den See etwas häufiger, teilweise schlängelt sich der Weg auch den Felsen entlang. Hin und wieder gibt es Trampelpfade, die zu schönen Badebuchten hinunterführen.
Nach dem Schnäggenbückel wird der Weg

bis zu 3 m breit, und die begrasten Ufer sind bei Badegästen sehr beliebt. Luftmatratzen, Wasserbälle und Gummiboote mischen sich hier unter die Schwimmer. Wir kommen zum Campingplatz mit Kiosk, wandern am Parkplatz vorbei und über den Staudamm zur Postautohaltestelle Rhodannenberg. Von hier aus fahren wir zurück nach Glarus oder Plätz, wenn dort unser Auto steht.

Informationen

Wanderregion:
Klöntalersee/Glarus

Wanderzeit:
2 h (ohne Pausen).

Karte:
Landeskarte 1:25 000, Blatt 1153 Klöntal.

Schwierigkeitsgrad:
Leicht – breiter, gut begehbarer Weg am See.

Kinderwagen/Rollstuhl:
Nicht möglich. Von Rhodannenberg können wir jedoch mit Kinderwagen oder Rollstuhl bis zum Schnäggenbrückel, dem Südufer des Klöntalersees, folgen.

Höhenmeter:
Kein Höhenunterschied.

Wandersaison:
Von Juli bis Mitte Oktober.

Verkehrsmittel:
SBB über Ziegelbrücke nach Glarus, Postauto von Glarus nach Plätz im Klöntal.

Spannend für Kinder:
– zahlreiche Badebuchten am Klöntalersee
– Gummiboote sind erlaubt
– mehrere Feuerstellen am Wanderweg
– vom Ufer aus dürfen auch Kinder ohne Patent angeln

Besonderes:
Der Klöntalersee ist Teil des Glarner und St. Galler Geoparks. In diesem Gebiet kann man rund 50 Stätten wie geologische Besonderheiten, Bergwerke, Steinbrüche oder modernste Forschungsstationen besuchen. Detaillierte Infos: www.geopark.ch.

Weitere Informationen:
Touristinfo Glarnerland
Raststätte A3
8867 Niederurnen
Tel. 055 610 21 25
www.glarusnet.ch

Sellamatt

Welche Töne in der Glockenbühne am Klangweg erzeugt werde

Kennen Sie den Unterschied zwischen der Baumrätsche und dem Zugspecht? Welche Töne werden am Flötenzaun erzeugt, oder wie fühlt es sich inmitten der Glockenbühne an? Dies und vieles mehr erfahren die Wanderer auf dem rollstuhl- und kinderwagengängigen Klangweg zwischen Alp Sellamatt und Iltios. Auf eindrückliche Art und Weise entdecken wir dabei die Welt der Geräusche neu.

Zwischen Alt St. Johann und Wildhaus im Obertoggenburg stehen 22 verschiedene Klangskulpturen entlang eines gemütlichen und schönen Panorama-Wanderweges.

Unseren Ausgangspunkt Alt St. Johann erreichen wir per Postauto ab Buchs SG im Rheintal oder ab Nesslau (Endstation der Zuglinie Wil–Wattwil–Nesslau). In Alt St. Johann steigen wir aus und spazieren etwa 300 m bis zur Talstation der Kombibahn. Diese ist in der Schweiz ein Unikat, denn zwischen der Tal- und Bergstation verkehren abwechslungsweise Sessel und Gondeln. Fragen Sie an der Talstation nach dem «Klangwegbillett», es umfasst Berg- und Talfahrt sowie Rückfahrt per Postauto. In wenigen Minuten schweben wir nun mit der Kombibahn zur Sellamatt, dem Ausgangspunkt unserer Wanderung.

Entdeckungen am Klangweg, zum Beispiel die Tonmühle (oben) und das Treibjagdhorn unten.

Ein besonders beliebter Spielposten ist die rollstuhlgängige Glockenbühne kurz vor dem Zwischenziel Iltios.

Vom Schaleglüüt (links) wandern wir zu den Schwendiseen mit einem Hochmoor v nationaler Bedeutung.

Experimentieren und Spielen

Schon nach wenigen Gehminuten erreichen wir den ersten Klangposten, die sogenannte Melodiegampfi. Durch Bewegung werden hier Töne erzeugt. Die erste Etappe unseres Weges wurde rollstuhlgängig und kinderwagengerecht angelegt. Der breite Weg macht keinerlei Mühe beim Wandern. Die nächsten Klangposten heissen das Gerausch, das Milchkarussell oder die Baumrätsche. Alle Instrumente werden von den Wanderern selbst bespielt. Die Klangstationen animieren zum Experimentieren und Spielen mit der eigenen Stimme, mit Geräuschen und Klängen.
Nach rund 45 Minuten Wanderzeit (bzw. 1 h 30 min Spiel- und Wanderzeit) haben wir Iltios erreicht. Iltios auf 1342 m ü. M. ist die Mittelstation der Bergbahnen Unterwasser–Chäserrugg. Hier gibt es auch ein Restaurant mit Sonnenterrasse. Wer nicht mehr mag, kann auf Iltios die Wanderung abbrechen, mit der Standseilbahn hinunter nach Unterwasser und mit dem Postauto zurück nach Alt St. Johann fahren.

Aussicht auf Säntis inklusive

Alle anderen wandern weiter in Richtung Osten, dem Ziel Oberdorf entgegen. Auf diesem Weg erleben wir weitere interessante und spannende Spiel- und Klangstationen. Wir spazieren nicht hinunter zu den Schwendiseen, sondern bleiben auf

Die Klangmühle befindet sich ii einem Häuscher

der Höhe des Panoramaweges, der eine wunderschöne Aussicht auf Säntis und Schafberg bietet.

Dabei kommen wir an so spannenden Klangposten wie dem Treibjagdhorn, dem Singstein oder den Tonmühlen vorbei. Schliesslich steht uns noch ein kleiner Abstieg bevor. Nach der Brunnenstubete, dem letzten Klangposten, erreichen wir bald die Sesselbahn Oberdorf.

Es bleibt die Talfahrt mit der Sesselbahn. Unten angekommen, müssen wir noch etwa 500 m (nicht in der Wanderzeit eingerechnet) bis hinauf zum Postauto spazieren. Mit diesem fahren wir zurück nach Alt St. Johann oder nach Buchs SG.

Informationen

Wanderregion:
Obertoggenburg/St. Gallen

Wanderzeit:
2 h 30 min (ohne Pausen).

Karte:
Landeskarte 1 : 25 000, Blatt 1134 Walensee.

Schwierigkeitsgrad:
Leicht – breiter Weg, teilweise sogar rollstuhlgängig.

Kinderwagen/Rollstuhl:
Als offizieller Rollstuhlwanderweg ist die Etappe zwischen Sellamatt und Iltios ausgeschildert. Mit einem geländegängigen Buggy schaffen wir auch die zweite Etappe zwischen Iltios und Oberdorf.

Höhenmeter:
56 m bergauf, 229 m bergab.

Wandersaison:
Mitte Juni bis Oktober.

Verkehrsmittel:
Voralpenexpress von Pfäffikon SZ nach Wattwil, weiter mit der S9 bis Endstation Nesslau-Neu St. Johann, von dort mit dem Postauto bis Alt St. Johann.

Spannend für Kinder:
– 22 Erlebnis- und Spielposten auf dem Klangweg
– mehrere Feuerstellen

Besonderes:
Wer nur bis Iltios wandert, sollte noch eine Gipfelfahrt mit der Luftseilbahn Iltios–Chäserrugg unternehmen. Vom Chäserrugg (2262 m ü. M.) geniessen wir eine herrliche Aussicht zum Säntis und Walensee.

Weitere Informationen:
Toggenburg Tourismus
9658 Wildhaus
Tel. 071 999 99 11
www.toggenburg.org
www.klangwelt.ch

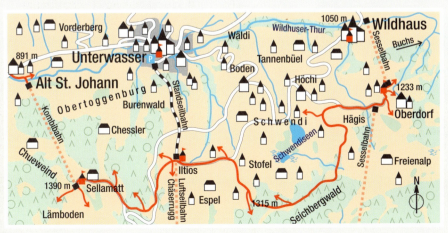

Bergün

Spannende Wandererlebniss im Bahn-Irrgarten

Verwirrende Kehrtunnels zwischen Naz und Punt Ota. Mehrmals verschwindet der Zug in einem Kehrtunnel und erscheint ganz unerwartet wieder.

Es gab eine Zeit, da träumte jeder Bub einmal davon, Lokführer zu werden. Inzwischen gibt es zwar auch Frauen im Führerstand, die sehr viel Freude an der Technik haben, doch der Traum der Buben ist ausgeträumt. Computerspielprogrammierer wäre heute wohl eher ein Berufswunsch junger Kids. Höchste Zeit, wieder einmal das Interesse an der Bahn zu wecken: zum Beispiel auf dem Bahnlehrpfad zwischen Preda und Bergün.

5300 Ingenieure, Mineure, Steinmetze, Zimmerleute und Maurer erstellten in einer Rekordzeit von nur fünf Jahren die 63 km lange Albulastrecke, welche von Chur über Thusis nach St. Moritz führt. 55 Viadukte und 39 Tunnel mit einer Gesamtlänge von über 16 km mussten für das gigantische Projekt erstellt werden. Die feierliche Eröffnung für das 25,8 Millionen Franken teure Bauvorhaben fand am 1. Juli 1903 in Celerina statt. Heute könnte man für das gleiche Geld wohl nur noch einen einzigen, kurzen Tunnel erstellen.

Ein Tunnel- und Viaduktwirrwarr

Unsere Wanderung beginnt in Preda, kurz vor dem 5865 m langen Albula-Scheiteltunnel. Preda erreichen wir mit der Rhätischen Bahn von Chur aus.

Wer sich für die Hintergründe der Albulabahn interessiert, findet entlang des Bahnlehrpfades überall Schautafeln mit vielen Informationen.

Kaum zu glauben, dass in dem verträumten Maiensässdörfchen einst viele Häuser, Baracken, Magazine, Werkstätten, ja sogar ein Spital standen. Die emsige «Baustellenstadt» von damals hat sich wieder zum verschlafenen Nest von heute zurückentwickelt.

Wir spazieren zunächst vom Bahnhof in Richtung Albulapassstrasse talauswärts. Schon nach wenigen Schritten zweigen wir aber links ab, queren die Bahnlinie und folgen dieser bis zum Weiler Naz. Hier beginnt der spannende Teil unserer Wanderung, denn ab hier gehts auf einem schmalen Fussweglein durchs Bahnlabyrinth. Wie in einem überdimensionierten Irrgarten schraubt sich die Bahn von Tunnel zu Tunnel tiefer. Wir steigen von Toua mitten durch dieses Tunnel- und Viaduktwirrwarr nach Punt Ota ab. Der Weg ist mit speziellen Bahnlehrpfadschildern markiert, und zwischendurch informieren Schautafeln über die nächste Durchfahrt eines Zuges. Wir staunen über so viel Ingenieurskunst oder geniessen ganz einfach die zahlreichen attraktiven Fotostandorte. Berühmte Züge wie der «Glacier-Express» oder der «Bernina-Express» fahren hier vorbei.

Die alten Bündnerhäuser in Bergün erinnern mehr ans Engadin als an das Albulatal – Bergün ist auch das letzte Dorf vor dem Engadin.

Staunen in der Modellbahnwelt

Unmittelbar beim Eingang des Rugnux-Spiraltunnels verlassen wir den Bahn-Irrgarten und wandern über Sassa Giavigliana zur Alp Plan digls Bouvs hinunter. Bei Farrirola rückt Bergün in Griffnähe: Wir spazieren am Campingplatz vorbei und bleiben auf der linken Seite der Albula. Erst auf der Höhe des Sporthotels überqueren wir auf einer kleinen Brücke den Bach und gelangen zur Strasse hinauf. Nun wandern wir auf Kopfsteinpflaster entlang an schönen alten Bündnerhäusern in Richtung Dorfkern von Bergün. Hier lohnt sich der Besuch der Modellanlage im Ortsmuseum (Juni bis Oktober, jeweils Dienstag bis Sonntag von 14.00 bis 17.00 Uhr, Tel. 081 407 12 77). Für

Wenn wir zum Abschluss mit dem Mountainbike die Albulastrasse nach Filisur hinunterfahren, blicken wir in die dunkle Bergünsteinschlucht.

Kinder ein lohnender Zwischenhalt. Wurde doch die gesamte Landschaft, die wir soeben durchwandert haben, im Massstab 1:87 nachgebildet. Da ist nicht nur bei Kindern Staunen angesagt.

Wir gehen schliesslich das Dorf hinunter und zum Bahnhof hinauf und warten auf die Rückfahrt mit dem nächsten Zug der Rhätischen Bahn nach Chur.

Ein Besuch im Dorfmuseum mit seiner Modelleisenbahnanlage lohnt sich. Hier kurven Züge der Grösse H0m (1:87) durchs gebirgige Albulatal.

Informationen

Wanderregion:
Albulatal/Graubünden

Wanderzeit:
1 h 45 min (ohne Pausen und Beobachtung von Zügen).

Karte:
Landeskarten 1:25 000, Blätter 1236 Savognin und 1237 Albulapass.

Schwierigkeitsgrad:
Mittelschwer – teilweise schmaler, steiler und steiniger Weg. Nur mit guten Schuhen.

Kinderwagen/Rollstuhl:
Nicht möglich.

Höhenmeter:
416 m bergab.

Wandersaison:
Von Juni bis Oktober.

Verkehrsmittel:
Rhätische Bahn auf der Strecke Chur–St. Moritz.

Spannend für Kinder:
- Bahnlehrpfad mit Wissenswertem rund um die Albulastrecke
- Dorfmuseum mit riesiger Modelleisenbahnanlage
- Möglichkeit, die Strecke auf der Albulastrasse Preda–Bergün mit dem Trotti zurückzulegen, dabei kommen wir allerdings nur zu ganz wenigen Schautafeln

Besonderes:
Wir könnten nach der Bahnwanderung mit dem Velo von Bergün nach Filisur hinunterbrausen. Am besten nehmen wir zu diesem Zweck das eigene Mountainbike mit, das wir vor der Wanderung in Bergün statio-

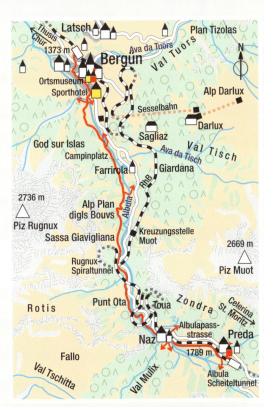

nieren und einen Zug überspringen. Mietvelos müssen nämlich wieder in Bergün abgeliefert werden.

Weitere Informationen:
Bergün Tourismus
Hauptstrasse 83
7482 Bergün/Bravuogn
Tel. 081 407 11 52
www.berguen.ch

St. Moritz

Moorgeister und Wasserratten

St. Moritz mit seinem See und der Seepromenade zählt zu den schönsten Landschaften der Welt.

Wahrscheinlich gibt es nur wenige Kinder, die an einem heissen Sommertag nicht gerne baden – dazu noch in einem angenehm warmen Bergsee inmitten eines dunklen, beinahe schon gespenstisch anmutenden Tannenwaldes. Auf unserer leichten Wanderung von St. Moritz nach Pontresina in der traumhaft schönen Oberengadiner Landschaft kommen wir zum Stazersee.

«Dumm» ist nur, dass dieser schöne See ausschliesslich zu Fuss erreicht werden kann. Den Eltern soll's recht sein. Er liegt zwischen St. Moritz und Pontresina im würzig nach Harz duftenden Stazerwald.

Ohne Fleiss kein Preis

Die grossartige Engadiner Berglandschaft ist im Preis inbegriffen. Natürlich ist es nicht dumm, dass wir zu diesem See wandern müssen – auch wenn einige Sprösslinge das vielleicht so empfinden. Doch den Kids wird's nach wenigen Schritten ebenfalls gefallen. Erstens strengt der Weg nicht an, und zweitens ist es ja gar nicht weit zum wohlverdienten Nass. Ohne Fleiss also kein Preis!

Wir beginnen unseren Spaziergang am Bahnhof St. Moritz, von wo aus wir mit dem Engadin-Bus bis nach St. Moritz-Bad fahren. Von dort aus sind's bis zum See nur wenige Schritte. Wir folgen hinter der Kirche dem rechtsufrigen Weg, welcher zwischen See und

Die Wanderung rund um den Lej da San Murezzan ist sehr beliebt. Wir entscheiden uns für eine halbe Runde und zweigen dann Richtung Stazersee ab.

Wald dem Lej da San Murezzan, welch wohlklingender rätoromanischer Name, entlangführt. Am östlichen Seeende verlassen wir das Ufer und steigen nach Acla Dimlej hoch. Von hier aus könnten wir natürlich direkt zum Stazersee (Lej da Staz) gelangen – ein kleiner Umweg (man muss es ja nicht so kommunizieren) zu den Torfwiesen kann nicht schaden, denn die alpine Landschaft auf knapp 1800 m ü. M. ist ein Hochgenuss. Also zweigen wir unterhalb von Acla Dimlej nach rechts in Richtung Torfwiesen ab. Der kleine schattige Aufstieg im Wald ist harmlos. Wir nehmen die erste Abzweigung links und gelangen zu einem Hochmoor – einer Landschaft von nationaler Bedeutung, welche unter das Moorschutzgesetz fällt. Wenn es nicht so schönes Wetter wäre, könnten wir uns mit etwas Fantasie vorstellen, wie zwischen Nebelschwaden geheimnisvolle Moorgeister ihr Unwesen treiben. Aber es ist schön und heiss – und so lassen wir die Spukgeschichten und widmen uns unserem Ziel, das wir auf einer breiten Naturstrasse, auf welcher sich auch viele Mountainbiker tummeln, erreichen.

Das Hochmoor Torfwiesen liegt still in der Waldlichtung.

«Endlich», mögen die Kinder rufen, haben wir den Stazersee erreicht. Als erstes halten wir vielleicht Ausschau nach einer Feuerstelle.

Wer mehr Lust zum Schwimmen als zum Sonnen hat, tummelt sich auf dem hölzernen Steg und springt ins Wasser.

Luftmatratzen und Hunde

Am Stazersee gibts nur wenige Regeln. «Baden auf eigene Gefahr», lesen wir auf einem Schild. Nicht weil es überdurchschnittlich gefährlich ist, sondern weil niemand die Verantwortung tragen will. So tummeln sich denn auch Hunde und Angler am Wasser. Luftmatratzen, Schnorchelausrüstung, Gummiboote, ferngesteuerte Spielzeugschiffe: kein Problem! Wir lassen es uns am Wasser gut gehen. Im Restaurant können wir gediegen essen, mehrere Feuerstellen stehen rund um den See für die Selbstverpflegung zur Verfügung – sogar das Holz zum Anfeuern liegt da und dort bereit. Auf der Wiese vor den Holzstegen lässt es sich gemütlich sonnen, während die Kinder im Wasser plantschen. Leider gehen auch die schönsten Momente im Leben einmal zu Ende, und so machen wir uns etwas wehmütig auf den Weg nach Pontresina. Natürlich fällt vor allem den Kindern der Abschied schwer. Deshalb sollten wir genügend Zeit einplanen, sodass sie sich richtig austoben können. Der Weg nach Pontresina ist breit und gut markiert. Er führt ausnahmslos durch den Wald und endet hinter dem Bahnhof. Vielleicht können wir ja mit dem offenen Panoramawagen der Rhätischen Bahn zurück nach St. Moritz fahren.

Informationen

Wanderregion:
Oberengadin/Graubünden

Wanderzeit:
2 h (ohne Baden am See).

Karte:
Landeskarte 1:25 000, Blatt 1257 St. Moritz.

Schwierigkeitsgrad:
Leicht – schöne Promenadenwege durch den Wald.

Kinderwagen/Rollstuhl:
Die Wege sind grösstenteils rollstuhlgängig und können auch mit dem Kinderwagen befahren werden.

Höhenmeter:
96 m bergauf, 92 m bergab.

Wandersaison:
Von Juni bis Oktober.

Verkehrsmittel:
Rhätische Bahn auf der Strecke St. Moritz–Pontresina.

Spannend für Kinder:
– Badesee auf einer Lichtung im Stazerwald
– evtl. Rückfahrt mit dem offenen Panoramawagen der Rhätischen Bahn

Besonderes:
Bereits der St. Moritzer See (Lej da San Murezzan) könnte zum Baden einladen. Doch Vorsicht: Dieser See ist viel zu kalt, ausserdem gibts beim Bahnhof gefährliche Strömungen Richtung Inn-Kraftwerk. Hier gilt ein Badeverbot.

Weitere Informationen:
Engadin St. Moritz
Via Maistra 12
7500 St. Moritz
Tel. 081 837 33 33
www.engadin.stmoritz.ch

Diavolezza

Gletscherwanderung – das ewige Eis erlebe

Die neue, grössere Diavolez-zabahn steht seit November 1980 in Betrieb. Im Sommer gibt es kaum Wartezeiten.

Im Berghaus Diavolezza kann auch übernachtet werden. Geboten wer-den Doppel- und Viererzimmer sowie Gruppenunterkünfte.

Zum Schluss nun noch eine ganz spezielle Wanderung, bei der sich unsere Kinder als richtige Bergsteiger fühlen. Die Diavolezza ist nicht nur eine Aussichtsterrasse im Berninagebiet, sondern auch Ausgangs-punkt einer geführten Gletschertour für jedermann. Hier erleben wir packende Erlebnisse auf dem Eis und lernen viel über die Entstehung der Gletscher oder über die Problematik des Klimawandels.

Die Diavolezza (2978 m ü. M.) ist weit herum als be-liebtes Ausflugsziel inmitten der gigantischen Eis-welt des Palü- und Berninamassivs ein Begriff. Vom Felsbalkon aus geniessen wir den Blick auf die wilden und zerklüfteten Gletscherfelder des Vadret Pers. Seit dem Bau der Luftseilbahn im Jahre 1956 ist der Panoramaberg zu einem leicht erreichbaren Treff-punkt für Wanderer und Wintersportler geworden.

Sprudelbad über dem Gletscher

Um auf die Diavolezza (2978 m ü. M.) zu gelangen, müssen wir zunächst mit der Rhätischen Bahn (RhB) über Chur und Pontresina (umsteigen) bis zur Halte-stelle Bernina-Diavolezza fahren. Direkt bei der Haltestelle befindet sich die Talstation der neuen Diavolezzabahn, die seit 1980 in Betrieb steht. Die grossen Jumbokabinen fassen 125 Personen. Unsere Gletscherwanderung müssen wir am Vortag – oder noch besser einige Tage zuvor – anmelden. Sie findet nur statt, wenn sich mindestens acht Personen

Dieses kleine Seelein befindet sich unterhalb der Bergstation. Der Schnee bleibt oft das ganze Jahr liegen.

Wahrzeichen der Diavolezza ist nicht etwa der Viertausender Piz Bernina,
sondern der kleinere Bruder Piz Palü mit seinen drei Gipfeln.

Wir wandern über den Persgletscher und müssen da und dort über ein Bächlein hüpfen, das an heissen Sommertagen auf dem Eis sprudelt.

daran beteiligen. Bei der Bergstation angekommen, geniessen wir zunächst einmal das herrliche Panorama von nahezu 3000 Alpengipfeln. Im Mittelpunkt dieses Amphitheaters stehen die drei Eisriesen Piz Roseg (3937 m), Piz Palü (3901 m) und Piz Bernina (4049 m) – höchster Gpfel der Ostalpen und einziger Viertausender im Kanton Graubünden.

Fast eine Himalaja-Expedition

Nun wird es aber Zeit, zu unserer Wanderung aufzubrechen. Treffpunkt für die Gletscherwanderer ist das Gletscherhüsli auf der Diavolezza. Allerdings sollten wir vor unserer Wanderung den Wetterbericht konsultieren, denn die Tour findet nur bei guter Witterung statt. Bei zweifelhafter Witterung treffen sich die Wanderer bei der Talstation der Luftseilbahn.
Nachdem sich der Führer der Bergsteigerschule Pontresina vorgestellt hat und sich alle Teilnehmer begrüsst haben, kann es auch schon losgehen.
Bevor wir das ewige Eis betreten, müssen wir aber noch von der Diavolezza hinunter zum Gletscher steigen. Dabei handelt es sich um einen Bergweg, wobei auch mal der eine oder andere grössere Stein im Weg liegt. Nach etwa einer halben Stunde haben wir den Persgletscher erreicht und wir queren das beeindruckende Eisfeld in Richtung Isla Persa (verlorene Insel). Der Steinplattenweg ist hier zwar steil, doch gut begehbar. Während der Rast auf der Isla Persa haben wir Gelegenheit, unseren Standplatz zwischen dem Isla- und Morteratschgletscher zu geniessen. Wir fühlen uns dabei fast wie auf einer Himalaja-Expedition. Nach der Rast gehts zunächst über die Steinmoräne, anschliessend entscheidet der Bergführer je nach Spaltenverhältnissen,

Es bleibt der Weitermarsch über dem Gletscher. Nach Möglichkeit vermeidet der Bergführer den Sprung über solche Spalten.

ob wir rechts oder links der Moräne wieder das Eis betreten. Vorbei an teilweise zerklüfteten Spalten gehts nun immer weiter bergab, bis wir den Wanderweg und damit den Gletscherpfad erreichen. Diesem folgen wir bis zur Bahnstation Morteratsch, wo wir unsere geführte Tour beenden. Von hier aus können wir mit der Rhätischen Bahn zurück nach Diavolezza oder nach Pontresina fahren.

Informationen

Wanderregion:
Berninagebiet/Graubünden

Wanderzeit:
5 h (inklusive Rast auf der Isla Persa).

Karte:
Landeskarten 1:25 000, Blätter 1257 St. Moritz und 1277 Piz Bernina.

Schwierigkeitsgrad:
Anspruchsvoll – hochalpine Tour über das Gletschereis, grosser Höhenunterschied.

Kinderwagen/Rollstuhl:
Nicht möglich.

Höhenmeter:
1118 m bergab.

Wandersaison:
Täglich von ca. Anfang Juli bis September, danach bis Mitte Oktober jeweils am Sonntag, Dienstag, Mittwoch und Freitag.

Verkehrsmittel:
Rhätische Bahn auf der Strecke Pontresina–Ospizio Bernina.

Spannend für Kinder:
– Gletscherwanderung mit Bergführer
– evtl. Rückfahrt mit dem offenen Panoramawagen der Rhätischen Bahn

Besonderes:
Tour auf keinen Fall ohne Bergführer unternehmen! Die Route über die beiden Gletscher kann sich wegen der Spalten laufend ändern. Auf geeignete Ausrüstung achten: Bergschuhe, lange Hosen, Wanderstock, Sonnenbrille, Sonnencreme.

Weitere Informationen:
Diavolezza-Bahn AG
7504 Pontresina
Tel. 081 839 39 39
www.diavolezza.ch

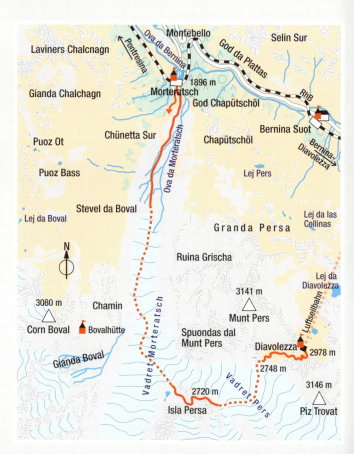